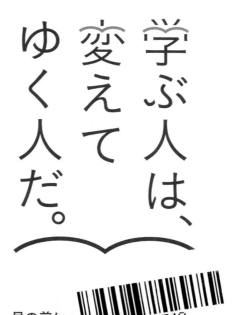

学ぶ人は、
変えて
ゆく人だ。

目の前に

社会の課題を自ら見つけ、

挑み続けるために、人は学ぶ。

「学び」で、

少しずつ世界は変えてゆける。

いつでも、どこでも、誰でも、

学ぶことができる世の中へ。

旺文社

文部科学省後援

英検®2級

でる順パス単
書き覚えノート

改訂版

英検®は、公益財団法人 日本英語検定協会の登録商標です。

このコンテンツは、公益財団法人 日本英語検定協会の承認や推奨、その他の検討を受けたものではありません。

旺文社

はじめに

「単語がなかなか覚えられない」「単語集を何度見てもすぐに忘れてしまう」という声をよく聞きます。英検の対策をする上で，単語学習はとても重要です。しかし，どうやって単語学習を進めればいいのかわからない，自分のやり方が正しいのか自信がない，という悩みをかかえている人も多くいると思います。『英検2級でる順パス単 書き覚えノート [改訂版]』は，そういった学習の悩みから生まれた「書いて覚える」単語学習のサポート教材です。

本書の特長は，以下の3つです。

❶「書いて，聞いて，発音して覚える」方法で効果的に記憶できる

❷ 日本語（意味）から英語に発想する力を養うことができる

❸「復習テスト」で単熟語を覚えているかどうか
　自分で確認することができる

　単熟語を実際に書き込んで手を動かすことは，記憶に残すためにとても効果的な方法です。ただ単語集を覚えてそのままにしておくのではなく，本書に沿って継続的に単語学習を進めていきましょう。「書いて」→「復習する」というステップを通して確実に記憶の定着につなげることができるでしょう。本書での学習が皆さんの英検合格につながることを心より願っています。

本書とセットで使うと効果的な書籍のご紹介

本書に収録されている内容は，単語集『英検2級 でる順パス単 [5訂版]』に基づいています。単語集には，単語の意味のほかに同意語や用例なども含まれており，単語のイメージや使われ方を確認しながら覚えることができます。また，単語・熟語のほかに会話表現・英作文表現も収録しています。

もくじ

単語編

熟語編

編集協力：株式会社シー・レップス，株式会社鷗来堂   組版協力：幸和印刷株式会社

装丁デザイン：及川真咲デザイン事務所（浅海新菜）   本文デザイン：伊藤幸恵

イラスト：三木謙次

本書の構成

単語編

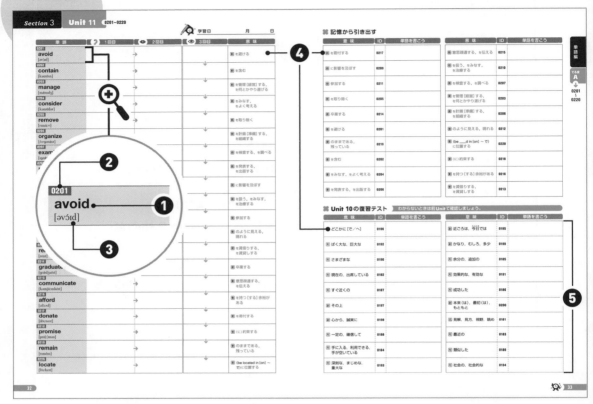

❶ 見出し語

『英検 2 級 でる順パス単 [5 訂版]』に掲載されている
単語・熟語です。

❷ 見出し語 (ID) 番号

見出し語には単語編・熟語編を通して 0001 ～
1700 の番号が振られています。『英検 2 級 でる順
パス単 [5 訂版]』の見出し語 (ID) 番号に対応してい
ます。

❸ 発音記号

見出し語の読み方を表す記号です。主にアメリカ発
音を採用しています。(詳細は p.9 参照)

❹ 意味

見出し語の意味は原則として『英検 2 級 でる順パス
単 [5 訂版]』に準じて掲載しています。ただし, 同意
語や反意語, 派生語, 用例などは掲載しないなど,
一部変更しています。

1 Unit が単語，熟語ともに 20 ずつ区切られており，これが 1 回分の学習の目安となります。

本書の利用法については p.6 以降を参照してください。

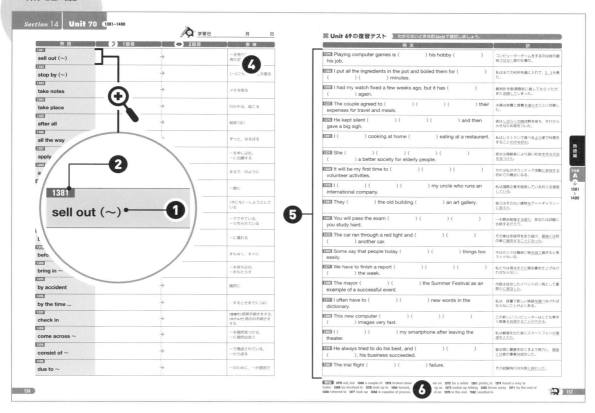

❺ 復習テスト

1 つ前の Unit で学習した単語・熟語の復習テストです。空欄に単語・熟語を記入しましょう。

❻ 復習テスト解答

熟語編の復習テストは下に解答を記載しています。別解がある場合も，原則として解答は 1 つのみ掲載しています。

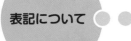

表記について

動	動詞	名	名詞	形	形容詞	副	副詞
接	接続詞	前	前置詞	代	代名詞		

( )…… 省略可能／補足説明　　[ ]… 直前の語句と言い換え可能

A, B …… A，B に異なる語句が入る　　do …… 動詞の原形が入る

one's, oneself … 人を表す語句が入る　　doing … 動名詞，現在分詞が入る

to do … 不定詞が入る

単語編

Section 3 Unit 11 0201~0220
学習日　　月　　日

単語	?1回目	2回目	3回目	意味
0201 avoid [əvɔ́id]	→	→	→	動 を避ける
0202 contain [kəntéin]	→	→	→	動 を含む
0203 manage [mǽnidʒ]	→	→	→	動 を管理[経営]する、を何とかやり遂げる
0204 consider [kənsídər]	→	→	→	動 をみなす、をよく考える
0205 remove [rimúːv]	→	→	→	動 を取り除く
0206 organize [ɔ́ːrɡənàiz]	→	→	→	動 を準備[計画]する、を組織する
0207 examine [iɡzǽmin]	→	→	→	動 を検査する、を調べる
0208 publish [pʌ́bliʃ]	→	→	→	動 を発表する、を出版する
0209 affect [əfékt]	→	→	→	動 に影響を及ぼす
0210 treat [triːt]	→	→	→	動 を扱う、をみなす、を治療する
0211 participate [pɑːrtísəpèit]	→	→	→	動 参加する
0212 appear [əpíər]	→	→	→	動 のように見える、現れる
0213 rent [rent]	→	→	→	動 を賃借りする、を賃貸しする
0214 graduate [ɡrǽdʒuèit]	→	→	→	動 卒業する
0215 communicate [kəmjúːnəkèit]	→	→	→	動 意思疎通する、を伝える
0216 afford [əfɔ́ːrd]	→	→	→	動 を持つ[する]余裕がある
0217 donate [dóuneit]	→	→	→	動 を寄付する
0218 promise [prɑ́mis]	→	→	→	動 (に)約束する
0219 remain [riméin]	→	→	→	動 のままである、残っている
0220 locate [lóukeit]	→	→	→	動 (be located in [on] ~) ~で[に]位置する

記憶から引き出す

意味	ID	単語を書こう	意味	ID	単語を書こう
動 を寄付する	0217		動 意思疎通する、を伝える	0215	
動 に影響を及ぼす	0209		動 を扱う、をみなす、を治療する	0210	
動 参加する	0211		動 を検査する、を調べる	0207	
動 を取り除く	0205		動 を管理[経営]する、を何とかやり遂げる	0203	
動 卒業する	0214		を準備[計画]する	0206	
動 を避ける	0201		のように見える、現れる	0212	
動 のままである、残っている	0219		in [on] ~ で	0220	
動 を含む	0202		動 (に)約束する	0218	
動 をみなす、をよく考える	0204		動 を持つ[する]余裕がある	0216	
動 を発表する、を出版する	0208		動 を賃借りする、を賃貸しする	0213	

Unit 10の復習テスト　わからないときは前Unitで確認しましょう。

意味	ID	単語を書こう	意味	ID	単語を書こう
副 どこかに[で/へ]	0186		副 近ごろは、今日では	0195	
形 ばく大な、巨大な	0182		副 かなり、むしろ、多少	0199	
形 さまざまな	0190		形 余分の、追加の	0185	
形 現在の、出席している	0182		形 効果的な、有効な	0191	
形 すぐ近くの	0187		副	0188	
副 その上	0197		番目（は）、	0200	
副 心から、誠実に	0196		方、視野、眺め	0181	
副 一定の、確信して	0188		形 最近の	0183	
形 手に入る、利用できる、手が空いている	0184		形 類似した	0189	
形 深刻な、まじめな、重大な	0183		形 社会の、社会的な	0194	

単語編
でる度
A
↓
0201
～
0220

33

---

1 書いて記憶

左欄の「単語」と右欄の「意味」を確認します。1回目は「音声を聞きながら書く」，2回目は「発音しながら書く」，20語分全て終えたら，3回目は「意味を見て単語を書く」流れになっています。

2 記憶から引き出す

左ページの20語がランダムに並べ替えられています。意味を見て単語を思い出して書きます。左ページで見出し語（ID）番号の一致する単語と意味を見て，答え合わせします。

3 復習テスト

最後に復習テストです。1つ前のUnitの20語の意味がランダムに並べ替えられています。その意味の単語を思い出して書きます。前のUnitで見出し語（ID）番号の一致する単語と意味を見て，答え合わせします。

Section 14　Unit 70 1381~1400

1　書いて記憶

左欄の「熟語」と右欄の「意味」を確認します。1回目は「音声を聞きながら」，2回目は「発音しながら」書きます。意味をイメージしながら書いてみましょう。

2　復習テスト

1つ前の Unit で学習した熟語の例文がランダムに並んでいます。訳文中の下線＋赤字の意味にあたる熟語を思い出して空欄に書きます。すべて解き終わったら，解答で確認しましょう。

●　ワードリスト

復習テストでわからなかった単語・熟語をチェックして，巻末の「ワードリスト」に書きためておきましょう。覚えられるまで何度もくり返し書きましょう。

音声について

本書に掲載されている見出し語の音声（英語）を，公式アプリ「英語の友」（iOS/Android）を使ってスマートフォンやタブレットでお聞きいただけます。

● ご利用方法

① 「英語の友」公式サイトより，アプリをインストール

〔🔍 英語の友〕　URL：**https://eigonotomo.com/**

左記の QR コードから読み込めます。

---

② アプリ内のライブラリより『**英検2級でる順パス単 5訂版**』の「追加」ボタンをタップ

⚠️ 『英検2級でる順パス単書き覚えノート 改訂版』はライブラリにはありません。『**英検2級でる順パス単 5訂版**』を選択してください。

③ 画面下の**「単語」**をタップして「単語モード」を再生

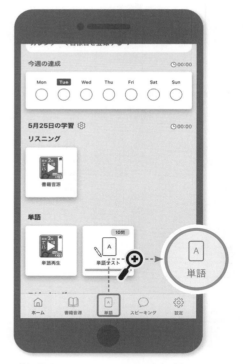

⚠️ 「書籍音源モード」には対応していません。**「単語モード」**を選んで再生してください。

※デザイン，仕様等は予告なく変更される場合があります。
※本アプリの機能の一部は有料ですが，本書の音声は無料でお聞きいただけます。
※詳しいご利用方法は「英語の友」公式サイト，あるいはアプリ内のヘルプをご参照ください。
※本サービスは予告なく終了することがあります。

発音記号について

本書で使用している発音記号をまとめました。

※斜体および [(:)] は省略可能であることを示す。

● 母 音

発音記号	例		発音記号	例	
[iː]	eat	[iːt]	[u]	casual	[kǽʒuəl]
[i]	happy	[hǽpi]	[uː]	school	[skuːl]
[ɪ]	sit	[sɪt]	[eɪ]	cake	[keɪk]
[e]	bed	[bed]	[aɪ]	eye	[aɪ]
[æ]	cat	[kæt]	[ɔɪ]	boy	[bɔɪ]
[ɑː]	palm	[pɑːlm]	[au]	house	[haus]
[ʌ]	cut	[kʌt]	[ou]	go	[gou]
[əːr]	bird	[bəːrd]	[ɪər]	ear	[ɪər]
[ə]	above	[əbʌ́v]	[eər]	air	[eər]
[ər]	doctor	[dá(ː)ktər]	[ɑːr]	heart	[hɑːrt]
[ɔː]	law	[lɔː]	[ɔːr]	morning	[mɔ́ːrnɪŋ]
[u]	pull	[pul]	[uər]	poor	[puər]

※母音の後の [r] は，アメリカ英語では直前の母音が r の音色を持つことを示し，イギリス英語では省略されることを示す。

● 子 音

発音記号	例		発音記号	例	
[p]	pen	[pen]	[v]	very	[véri]
[b]	book	[buk]	[θ]	three	[θriː]
[m]	man	[mæn]	[ð]	this	[ðɪs]
[t]	top	[tɑ(ː)p]	[s]	sea	[siː]
[t̬]	water	[wɔ́ːt̬ər]	[z]	zoo	[zuː]
[d]	dog	[dɔ(ː)g]	[ʃ]	ship	[ʃɪp]
[n]	name	[neɪm]	[ʒ]	vision	[víʒən]
[k]	cake	[keɪk]	[h]	hot	[hɑ(ː)t]
[g]	good	[gud]	[l]	lion	[láɪən]
[ŋ]	ink	[ɪŋk]	[r]	rain	[reɪn]
[tʃ]	chair	[tʃeər]	[w]	wet	[wet]
[dʒ]	June	[dʒuːn]	[hw]	white	[hwaɪt]
[f]	five	[faɪv]	[j]	young	[jʌŋ]

※ [t̬] はアメリカ英語で弾音（日本語のラ行に近い音）になることを示す。

学習管理表

1日1 Unit を目安に進めていきましょう。
その日の学習が終わったら下の表の／部分に日付を記入して記録を付けていきましょう。

Unit 1	/	Unit 2	/	Unit 3	/	Unit 4	/	Unit 5	/
Unit 6	/	Unit 7	/	Unit 8	/	Unit 9	/	Unit 10	/
Unit 11	/	Unit 12	/	Unit 13	/	Unit 14	/	Unit 15	/
Unit 16	/	Unit 17	/	Unit 18	/	Unit 19	/	Unit 20	/
Unit 21	/	Unit 22	/	Unit 23	/	Unit 24	/	Unit 25	/
Unit 26	/	Unit 27	/	Unit 28	/	Unit 29	/	Unit 30	/
Unit 31	/	Unit 32	/	Unit 33	/	Unit 34	/	Unit 35	/
Unit 36	/	Unit 37	/	Unit 38	/	Unit 39	/	Unit 40	/
Unit 41	/	Unit 42	/	Unit 43	/	Unit 44	/	Unit 45	/
Unit 46	/	Unit 47	/	Unit 48	/	Unit 49	/	Unit 50	/
Unit 51	/	Unit 52	/	Unit 53	/	Unit 54	/	Unit 55	/
Unit 56	/	Unit 57	/	Unit 58	/	Unit 59	/	Unit 60	/
Unit 61	/	Unit 62	/	Unit 63	/	Unit 64	/	Unit 65	/
Unit 66	/	Unit 67	/	Unit 68	/	Unit 69	/	Unit 70	/
Unit 71	/	Unit 72	/	Unit 73	/	Unit 74	/	Unit 75	/
Unit 76	/	Unit 77	/	Unit 78	/	Unit 79	/	Unit 80	/
Unit 81	/	Unit 82	/	Unit 83	/	Unit 84	/	Unit 85	/

単語編

でる度 **A** 常にでる基本単語 **500**

学習日　　月　　日

単語	1回目	2回目	3回目	意味
0001 **let** [let]	→			動 (let O *do* で) O に～させる，O が～するのを許す
0002 **create** [kri(:)éɪt]	→			動 (を)つくり出す，(を)創造する
0003 **cause** [kɔːz]	→			動 を引き起こす，の原因となる
0004 **increase** [ɪnkríːs]	→			動 増加する，を増やす
0005 **leave** [liːv]	→			動 (leave O C で) O を C のままにしておく，を置き忘れる，(を)去る
0006 **develop** [dɪvéləp]	→			動 を開発する，を発達させる，発達する
0007 **reduce** [rɪdjúːs]	→			動 を減らす，を小さくする
0008 **improve** [ɪmprúːv]	→			動 を進歩[向上]させる，良くなる
0009 **produce** [prədjúːs]	→			動 (製品・農作物など)を作る，を引き起こす
0010 **agree** [əgríː]	→			動 意見が一致する，同意する
0011 **tell** [tel]	→			動 がわかる，を見分ける，を知らせる
0012 **allow** [əláʊ]	→			動 を許す
0013 **prepare** [prɪpéər]	→			動 (を)準備する
0014 **own** [oʊn]	→			動 を所有している
0015 **check** [tʃek]	→			動 (を)検査[点検]する
0016 **suggest** [səgdʒést]	→			動 を提案する，を示唆する
0017 **cost** [kɔːst]	→			動 (費用)がかかる，費用がかかる
0018 **meet** [miːt]	→			動 (要求・条件など)を満たす，に会う
0019 **provide** [prəváɪd]	→			動 を提供[供給]する
0020 **waste** [weɪst]	→			動 を浪費する

✿ 記憶から引き出す

意 味	ID	単語を書こう
動 を引き起こす，の原因となる	0003	
動 を提案する，を示唆する	0016	
動 (___ O C で) O を C のままにしておく，を置き忘れる，(を)去る	0005	
動 を減らす，を小さくする	0007	
動 がわかる，を見分ける，を知らせる	0011	
動 を所有している	0014	
動 (要求・条件など)を満たす，に会う	0018	
動 (製品・農作物など)を作る，を引き起こす	0009	
動 意見が一致する，同意する	0010	
動 を開発する，を発達させる，発達する	0006	

意 味	ID	単語を書こう
動 を浪費する	0020	
動 を許す	0012	
動 (___ O do で) O に〜させる，O が〜するのを許す	0001	
動 を提供[供給]する	0019	
動 (費用)がかかる，費用がかかる	0017	
動 (を)検査[点検]する	0015	
動 を進歩[向上]させる，良くなる	0008	
動 (を)つくり出す，(を)創造する	0002	
動 (を)準備する	0013	
動 増加する，を増やす	0004	

学習日　　　　月　　　　日

単 語	1回目	2回目	3回目	意 味
0021 **protect** [prətékt]	→			動 を保護する
0022 **offer** [ɔ́(:)fər]	→		↓	動 を申し出る, を提供する
0023 **describe** [dɪskráɪb]	→		↓	動 (の特徴)を述べる, を描写する
0024 **damage** [dæmɪdʒ]	→		↓	動 に損傷[損害]を与える
0025 **disagree** [dìsəgríː]	→		↓	動 意見が食い違う, 一致しない
0026 **recommend** [rèkəménd]	→		↓	動 を推薦する
0027 **repair** [rɪpéər]	→		↓	動 を修理する
0028 **share** [ʃeər]	→		↓	動 を共有する, を分け合う
0029 **follow** [fá(:)loʊ]	→		↓	動 に続く, についていく, (命令・規則など)に従う
0030 **lead** [liːd]	→		↓	動 つながる, を導く, (生活・人生)を送る
0031 **attract** [ətrækt]	→		↓	動 (注意・興味など)を引く, を魅惑する
0032 **encourage** [ɪnkə́ːrɪdʒ]	→		↓	動 を促す, を勇気づける
0033 **support** [səpɔ́ːrt]	→		↓	動 を支持[支援]する, を扶養する
0034 **raise** [reɪz]	→		↓	動 (子ども)を育てる, (資金など)を調達する
0035 **hire** [háɪər]	→		↓	動 を雇う, を賃借りする
0036 **charge** [tʃɑːrdʒ]	→		↓	動 (税金など)を課す, (金額)を請求する, を告発する
0037 **care** [keər]	→		↓	動 気にかける
0038 **book** [bʊk]	→		↓	動 を予約する
0039 **store** [stɔːr]	→		↓	動 を蓄える, を貯蔵する
0040 **train** [treɪn]	→		↓	動 を訓練する

✖ 記憶から引き出す

意 味	ID	単語を書こう
動 を申し出る，を提供する	0022	
動 を蓄える，を貯蔵する	0039	
動 を雇う，を賃借りする	0035	
動 を支持[支援]する，を扶養する	0033	
動 を予約する	0038	
動 を訓練する	0040	
動 を共有する，を分け合う	0028	
動 に損傷[損害]を与える	0024	
動 気にかける	0037	
動 (子ども)を育てる，(資金など)を調達する	0034	

意 味	ID	単語を書こう
動 を推薦する	0026	
動 に続く，についていく，(命令・規則など)に従う	0029	
動 (注意・興味など)を引く，を魅惑する	0031	
動 意見が食い違う，一致しない	0025	
動 つながる，を導く，(生活・人生)を送る	0030	
動 を修理する	0027	
動 を保護する	0021	
動 (税金など)を課す，(金額)を請求する，を告発する	0036	
動 を促す，を勇気づける	0032	
動 (の特徴)を述べる，を描写する	0023	

✖ Unit 1の復習テスト ▶ わからないときは前Unitで確認しましょう。

意 味	ID	単語を書こう
動 増加する，を増やす	0004	
動 を所有している	0014	
動 がわかる，を見分ける，を知らせる	0011	
動 (を)準備する	0013	
動 を減らす，を小さくする	0007	
動 (費用)がかかる，費用がかかる	0017	
動 を開発する，を発達させる，発達する	0006	
動 (を)つくり出す，(を)創造する	0002	
動 を許す	0012	
動 (__ O do で)Oに〜させる，Oが〜するのを許す	0001	

意 味	ID	単語を書こう
動 意見が一致する，同意する	0010	
動 (要求・条件など)を満たす，に会う	0018	
動 (を)検査[点検]する	0015	
動 を進歩[向上]させる，良くなる	0008	
動 を提案する，を示唆する	0016	
動 を浪費する	0020	
動 を提供[供給]する	0019	
動 (__ O Cで)OをCのままにしておく，を置き忘れる，(を)去る	0005	
動 を引き起こす，の原因となる	0003	
動 (製品・農作物など)を作る，を引き起こす	0009	

学習日   月   日

単 語	② 1回目	◉ 2回目	◉ 3回目	意 味
0041 **last** [læst]	→			動 続く，持続する
0042 **park** [pɑːrk]	→			動 を駐車する
0043 **run** [rʌn]	→			動 を経営 [運営] する， 立候補する，走る
0044 **pay** [peɪ]	→			名 給料，賃金
0045 **brain** [breɪn]	→			名 頭脳，脳
0046 **customer** [kʌ́stəmər]	→			名 顧客
0047 **order** [ɔ́ːrdər]	→			名 順番，秩序，注文
0048 **research** [ríːsəːrtʃ]	→			名 調査，研究
0049 **environment** [ɪnváɪərənmənt]	→			名 環境
0050 **result** [rɪzʌ́lt]	→			名 結果
0051 **amount** [əmáʊnt]	→			名 量，金額，総計
0052 **situation** [sìtʃuéɪʃən]	→			名 状況，立場
0053 **garbage** [gɑ́ːrbɪdʒ]	→			名 ゴミ，生ゴミ
0054 **device** [dɪváɪs]	→			名 装置，工夫
0055 **exercise** [éksərsàɪz]	→			名 運動，練習
0056 **skill** [skɪl]	→			名 技能，能力，熟練
0057 **metal** [métəl]	→			名 金属
0058 **electricity** [ɪlèktrísəti]	→			名 電気，電力
0059 **traffic** [trǽfɪk]	→			名 交通 (量)
0060 **stress** [stres]	→			名 (心身への) ストレス， 圧迫感

🎴 記憶から引き出す

意　味	ID	単語を書こう		意　味	ID	単語を書こう
图 金属	0057			图 交通（量）	0059	
動 を駐車する	0042			動 続く，持続する	0041	
图 ゴミ，生ゴミ	0053			图 給料，賃金	0044	
图 結果	0050			图 技能，能力，熟練	0056	
图 （心身への）ストレス， 圧迫感	0060			图 環境	0049	
图 順番，秩序，注文	0047			图 頭脳，脳	0045	
图 電気，電力	0058			图 装置，工夫	0054	
動 を経営［運営］する， 立候補する，走る	0043			图 量，金額，総計	0051	
图 運動，練習	0055			图 状況，立場	0052	
图 調査，研究	0048			图 顧客	0046	

🎴 Unit 2の復習テスト　▶ わからないときは前Unitで確認しましょう。

意　味	ID	単語を書こう		意　味	ID	単語を書こう
動 を促す，を勇気づける	0032			動 を申し出る，を提供する	0022	
動 を予約する	0038			動 つながる，を導く， （生活・人生）を送る	0030	
動 （子ども）を育てる， （資金など）を調達する	0034			動 を訓練する	0040	
動 を共有する，を分け合う	0028			動 に続く，についていく， （命令・規則など）に従う	0029	
動 を蓄える，を貯蔵する	0039			動 意見が食い違う， 一致しない	0025	
動 （の特徴）を述べる， を描写する	0023			動 を修理する	0027	
動 を支持［支援］する， を扶養する	0033			動 気にかける	0037	
動 を保護する	0021			動 を雇う，を賃借りする	0035	
動 を推薦する	0026			動 に損傷［損害］を与える	0024	
動 （税金など）を課す，（金額） を請求する，を告発する	0036			動 （注意・興味など）を引く， を魅惑する	0031	

学習日　　　月　　　日

単語	🔊 1回目	👁 2回目	👁 3回目	意味
0061 **employee** [ɪmplɔ́iiː]	→			图 従業員
0062 **education** [èdʒəkéɪʃən]	→			图 教育
0063 **presentation** [prèzəntéɪʃən]	→			图 発表，プレゼンテーション，贈呈，提出
0064 **design** [dɪzáɪn]	→			图 デザイン，設計(図)，計画
0065 **experience** [ɪkspíəriəns]	→			图 経験
0066 **expert** [ékspəːrt]	→			图 専門家，熟練者
0067 **fact** [fækt]	→			图 事実
0068 **staff** [stæf]	→			图 スタッフ，職員
0069 **fuel** [fjúːəl]	→			图 燃料
0070 **tour** [tʊər]	→			图 見学，(周遊)旅行，巡業
0071 **taste** [teɪst]	→			图 好み，味，味覚
0072 **benefit** [bénɪfɪt]	→			图 利益，恩恵
0073 **practice** [præktɪs]	→			图 実践，習慣，練習
0074 **activity** [æktívəti]	→			图 活動
0075 **subject** [sábdʒekt]	→			图 話題，教科
0076 **professor** [prəfésər]	→			图 教授
0077 **memory** [méməri]	→			图 記憶(力)，思い出
0078 **effect** [ɪfékt]	→			图 影響，効果，結果
0079 **patient** [péɪʃənt]	→			图 患者
0080 **project** [prá(ː)dʒekt]	→			图 (組織的)計画，事業，学習課題

記憶から引き出す

意味	ID	単語を書こう
名 利益，恩恵	0072	
名 スタッフ，職員	0068	
名 教育	0062	
名 事実	0067	
名 影響，効果，結果	0078	
名 活動	0074	
名 発表，プレゼンテーション，贈呈，提出	0063	
名 実践，習慣，練習	0073	
名 経験	0065	
名 患者	0079	

意味	ID	単語を書こう
名 デザイン，設計（図），計画	0064	
名 燃料	0069	
名（組織的）計画，事業，学習課題	0080	
名 専門家，熟練者	0066	
名 記憶（力），思い出	0077	
名 話題，教科	0075	
名 好み，味，味覚	0071	
名 教授	0076	
名 見学，（周遊）旅行，巡業	0070	
名 従業員	0061	

Unit 3の復習テスト

わからないときは前Unitで確認しましょう。

意味	ID	単語を書こう
名 装置，工夫	0054	
名 状況，立場	0052	
名 結果	0050	
名（心身への）ストレス，圧迫感	0060	
名 顧客	0046	
名 技能，能力，熟練	0056	
名 電気，電力	0058	
名 運動，練習	0055	
名 調査，研究	0048	
名 交通（量）	0059	

意味	ID	単語を書こう
動 続く，持続する	0041	
名 環境	0049	
動 を駐車する	0042	
名 順番，秩序，注文	0047	
動 を経営［運営］する，立候補する，走る	0043	
名 量，金額，総計	0051	
名 ゴミ，生ゴミ	0053	
名 頭脳，脳	0045	
名 金属	0057	
名 給料，賃金	0044	

学習日　　　月　　　日

単語	1回目	2回目	3回目	意　味
0081 article [ɑ́ːrt̬ɪkl]	→			名 記事，条項，1品
0082 material [mətíəriəl]	→			名 材料，資料
0083 bill [bɪl]	→			名 請求書，法案，紙幣
0084 technology [teknɑ́(ː)ləʤi]	→			名 科学技術， テクノロジー
0085 security [sɪkjúərət̬i]	→			名 安全，警備，安心
0086 discount [dískaʊnt]	→			名 割引
0087 review [rɪvjúː]	→			名 批評，（再）調査， 復習
0088 flight [flaɪt]	→			名 定期航空便，飛行
0089 smartphone [smɑ́ːrtfòʊn]	→			名 スマートフォン
0090 supplement [sʌ́plɪmənt]	→			名 サプリメント， 栄養補助剤
0091 chemical [kémɪkəl]	→			形 化学の
0092 ancient [éɪnʃənt]	→			形 古代の
0093 common [kɑ́(ː)mən]	→			形 共通の，普通の
0094 likely [láɪkli]	→			形 ～しそうで， ありそうな
0095 recently [ríːsəntli]	→			副 最近
0096 probably [prɑ́(ː)bəbli]	→			副 たぶん，きっと
0097 actually [ǽktʃuəli]	→			副 実は，実際には
0098 though [ðoʊ]	→			接 …だけれども， もっとも…ではあるが
0099 while [hwaɪl]	→			接 …している間に， …の一方で， …ではあるものの
0100 whether [hwéðər]	→			接 …かどうか，（しばしば whether ... or not で）… であろうとなかろうと

✖ 記憶から引き出す

意　味	ID	単語を書こう
名 割引	0086	
副 最近	0095	
名 科学技術, テクノロジー	0084	
形 古代の	0092	
名 サプリメント, 栄養補助剤	0090	
名 スマートフォン	0089	
副 実は, 実際には	0097	
形 共通の, 普通の	0093	
名 批評, (再)調査, 復習	0087	
接 …だけれども, もっとも…ではあるが	0098	

意　味	ID	単語を書こう
形 ～しそうで, ありそうな	0094	
名 定期航空便, 飛行	0088	
接 …している間に, …の一方で, …ではあるものの	0099	
名 記事, 条項, 1品	0081	
接 …かどうか, (しばしば ___ ... or notで) …であろうとなかろうと	0100	
名 請求書, 法案, 紙幣	0083	
形 化学の	0091	
名 安全, 警備, 安心	0085	
名 材料, 資料	0082	
副 たぶん, きっと	0096	

単語編　でる度 A　↓　0081 〜 0100

✖ Unit 4の復習テスト　▶ わからないときは前Unitで確認しましょう。

意　味	ID	単語を書こう
名 影響, 効果, 結果	0078	
名 デザイン, 設計(図), 計画	0064	
名 利益, 恩恵	0072	
名 専門家, 熟練者	0066	
名 記憶(力), 思い出	0077	
名 活動	0074	
名 発表, プレゼンテーション, 贈呈, 提出	0063	
名 教授	0076	
名 (組織的)計画, 事業, 学習課題	0080	
名 実践, 習慣, 練習	0073	

意　味	ID	単語を書こう
名 教育	0062	
名 スタッフ, 職員	0068	
名 見学, (周遊)旅行, 巡業	0070	
名 話題, 教科	0075	
名 従業員	0061	
名 好み, 味, 味覚	0071	
名 患者	0079	
名 事実	0067	
名 経験	0065	
名 燃料	0069	

学習日　　　　月　　　日

単語	1回目	2回目	3回目	意 味
0101 form [fɔːrm]	→			動 を組織する，を形作る
0102 cancel [kǽnsəl]	→			動 を取り消す
0103 relax [rɪlǽks]	→			動 くつろぐ，緩む，をくつろがせる
0104 add [æd]	→			動 を加える
0105 contact [kɑ́(ː)ntækt]	→			動 と連絡を取る，と接触する
0106 purchase [pɔ́ːrtʃəs]	→			動 (高価な物・大量の物)を購入する
0107 expect [ɪkspékt]	→			動 を予期する，を期待する
0108 continue [kəntínju(ː)]	→			動 を続ける，続く
0109 require [rɪkwáɪər]	→			動 を要求する，を必要とする
0110 replace [rɪpléɪs]	→			動 を取り替える，に取って代わる
0111 suffer [sʌ́fər]	→			動 苦しむ，患う
0112 fix [fɪks]	→			動 を修理する，(を)固定する
0113 serve [səːrv]	→			動 (に)食事を出す，(に)仕える，(に)役立つ
0114 include [ɪnklúːd]	→			動 を含む
0115 attend [əténd]	→			動 に出席する，に(定期的に)通う
0116 quit [kwɪt]	→			動 をやめる
0117 prefer [prɪfɔ́ːr]	→			動 の方を好む
0118 recycle [rìːsáɪkl]	→			動 (を)再生利用する
0119 face [feɪs]	→			動 に直面する，の方に顔を向ける
0120 invent [ɪnvént]	→			動 を発明する，を考案する

❋ 記憶から引き出す

意 味	ID	単語を書こう
動 に直面する，の方に顔を向ける	0119	
動 に出席する，に（定期的に）通う	0115	
動 苦しむ，患う	0111	
動 を含む	0114	
動 （高価な物・大量の物）を購入する	0106	
動 （に）食事を出す，（に）仕える，（に）役立つ	0113	
動 （を）再生利用する	0118	
動 を発明する，を考案する	0120	
動 と連絡を取る，と接触する	0105	
動 くつろぐ，緩む，をくつろがせる	0103	

意 味	ID	単語を書こう
動 を修理する，（を）固定する	0112	
動 を続ける，続く	0108	
動 の方を好む	0117	
動 を取り消す	0102	
動 を予期する，を期待する	0107	
動 を取り替える，に取って代わる	0110	
動 を組織する，を形作る	0101	
動 をやめる	0116	
動 を要求する，を必要とする	0109	
動 を加える	0104	

❋ Unit 5の復習テスト　▶ わからないときは前Unitで確認しましょう。

意 味	ID	単語を書こう
名 スマートフォン	0089	
形 古代の	0092	
名 サプリメント，栄養補助剤	0090	
名 請求書，法案，紙幣	0083	
名 定期航空便，飛行	0088	
副 実は，実際には	0097	
形 化学の	0091	
名 材料，資料	0082	
名 安全，警備，安心	0085	
副 最近	0095	

意 味	ID	単語を書こう
接 …している間に，…の一方で，…ではあるものの	0099	
副 たぶん，きっと	0096	
名 科学技術，テクノロジー	0084	
名 批評，（再）調査，復習	0087	
接 …だけれども，もっとも…ではあるが	0098	
名 割引	0086	
形 共通の，普通の	0093	
接 …かどうか，（しばしば ___ ... or notで）…であろうとなかろうと	0100	
名 記事，条項，1品	0081	
形 ～しそうで，ありそうな	0094	

学習日　　　　　月　　　日

単語	1回目	2回目	3回目	意 味
0121 **prevent** [prɪvént]	→			動 を防ぐ，を妨げる
0122 **decrease** [dìːkríːs]	→			動 を減らす，減少する
0123 **attach** [ətǽtʃ]	→			動 を添付する，を取り付ける
0124 **shape** [ʃeɪp]	→			動 を形作る，を形成する
0125 **fill** [fɪl]	→			動 を満たす，をふさぐ
0126 **exchange** [ɪkstʃéɪndʒ]	→			動 を交換し合う，を交換する
0127 **realize** [ríːəlàɪz]	→			動 に気づく，を悟る，を実現する
0128 **lower** [lóʊər]	→			動 を下げる，を低くする
0129 **guess** [ges]	→			動 だと思う，を推測する
0130 **gain** [geɪn]	→			動 を得る，を増す
0131 **suit** [suːt]	→			動 に似合う，に都合が良い
0132 **land** [lænd]	→			動 着陸する，上陸する，を着陸［上陸］させる
0133 **award** [əwɔ́ːrd]	→			動 (award A Bで)AにB (賞など)を与える
0134 **statement** [stéɪtmənt]	→			名 陳述，声明
0135 **insect** [ínsekt]	→			名 虫，昆虫
0136 **department** [dɪpáːrtmənt]	→			名 部門，(大学の)学部，学科
0137 **membership** [mémbərʃìp]	→			名 会員資格
0138 **fat** [fæt]	→			名 脂肪
0139 **sentence** [séntəns]	→			名 文
0140 **community** [kəmjúːnəti]	→			名 地域社会，共同体，コミュニティ

❖ 記憶から引き出す

意 味	ID	単語を書こう		意 味	ID	単語を書こう
图 虫, 昆虫	0135			图 地域社会, 共同体, コミュニティ	0140	
動 を添付する, を取り付ける	0123			動 を交換し合う, を交換する	0126	
图 陳述, 声明	0134			图 会員資格	0137	
動 を減らす, 減少する	0122			動 に似合う, に都合が良い	0131	
動 (___ A Bで) AにB(賞など)を与える	0133			動 を下げる, を低くする	0128	
图 文	0139			動 を満たす, をふさぐ	0125	
图 部門, (大学の)学部, 学科	0136			動 着陸する, 上陸する, を着陸[上陸]させる	0132	
图 脂肪	0138			動 を得る, を増す	0130	
動 に気づく, を悟る, を実現する	0127			動 だと思う, を推測する	0129	
動 を防ぐ, を妨げる	0121			動 を形作る, を形成する	0124	

❖ Unit 6の復習テスト　わからないときは前Unitで確認しましょう。

意 味	ID	単語を書こう		意 味	ID	単語を書こう
動 と連絡を取る, と接触する	0105			動 に出席する, に(定期的に)通う	0115	
動 を続ける, 続く	0108			動 を要求する, を必要とする	0109	
動 を修理する, (を)固定する	0112			動 をやめる	0116	
動 に直面する, の方に顔を向ける	0119			動 を加える	0104	
動 苦しむ, 患う	0111			動 の方を好む	0117	
動 を発明する, を考案する	0120			動 (に)食事を出す, (に)仕える, (に)役立つ	0113	
動 を取り替える, に取って代わる	0110			動 を取り消す	0102	
動 くつろぐ, 緩む, をくつろがせる	0103			動 (を)再生利用する	0118	
動 を含む	0114			動 を組織する, を形作る	0101	
動 を予期する, を期待する	0107			動 (高価な物・大量の物)を購入する	0106	

学習日　　　月　　　日

単語	1回目	2回目	3回目	意 味
0141 **instrument** [ínstrəmənt]	→			图 機器，装置，楽器
0142 **focus** [fóʊkəs]	→			图 焦点
0143 **client** [kláɪənt]	→			图 顧客，（弁護士などへの）依頼人
0144 **bacteria** [bæktíəriə]	→			图 細菌，バクテリア
0145 **retirement** [rɪtáɪərmənt]	→			图 （定年による）退職，引退
0146 **nature** [néɪtʃər]	→			图 性質，自然
0147 **earth** [ə:rθ]	→			图 （the earth もしくは (the) Earth で）地球
0148 **grocery** [gróʊsəri]	→			图 食料雑貨店，（~ies）食料雑貨類
0149 **trash** [træʃ]	→			图 ゴミ
0150 **method** [méθəd]	→			图 （研究・調査などの）方法，秩序
0151 **site** [saɪt]	→			图 場所，用地，ウェブサイト
0152 **tablet** [tæblət]	→			图 タブレット
0153 **organization** [ɔ̀:rgənəzéɪʃən]	→			图 組織，団体
0154 **treatment** [trí:tmənt]	→			图 治療，扱い
0155 **farming** [fá:rmɪŋ]	→			图 農業
0156 **case** [keɪs]	→			图 場合，事例
0157 **announcement** [ənáʊnsmənt]	→			图 アナウンス，発表，告知
0158 **author** [ɔ́:θər]	→			图 著者，作家
0159 **biology** [baɪá(:)lədʒi]	→			图 生物学
0160 **advertisement** [ædvərtáɪzmənt]	→			图 広告，宣伝

❋ 記憶から引き出す

意 味	ID	単語を書こう	意 味	ID	単語を書こう
图 機器, 装置, 楽器	0141		图 (定年による)退職, 引退	0145	
图 著者, 作家	0158		图 農業	0155	
图 場合, 事例	0156		图 組織, 団体	0153	
图 (the ___ もしくは (the) E- で) 地球	0147		图 ゴミ	0149	
图 細菌, バクテリア	0144		图 顧客, (弁護士などへの)依頼人	0143	
图 タブレット	0152		图 食料雑貨店, (〜ies) 食料雑貨類	0148	
图 広告, 宣伝	0160		图 アナウンス, 発表, 告知	0157	
图 性質, 自然	0146		图 (研究・調査などの)方法, 秩序	0150	
图 生物学	0159		图 焦点	0142	
图 治療, 扱い	0154		图 場所, 用地, ウェブサイト	0151	

❋ Unit 7 の復習テスト ▶ わからないときは前 Unit で確認しましょう。

意 味	ID	単語を書こう	意 味	ID	単語を書こう
图 虫, 昆虫	0135		图 脂肪	0138	
图 会員資格	0137		图 文	0139	
働 に気づく, を悟る, を実現する	0127		图 陳述, 声明	0134	
働 だと思う, を推測する	0129		働 を添付する, を取り付ける	0123	
働 を交換し合う, を交換する	0126		働 (___ A B で) A に B (賞など) を与える	0133	
働 を防ぐ, を妨げる	0121		图 部門, (大学の)学部, 学科	0136	
働 を下げる, を低くする	0128		働 に似合う, に都合が良い	0131	
働 を形作る, を形成する	0124		働 を満たす, をふさぐ	0125	
働 を得る, を増す	0130		働 着陸する, 上陸する, を着陸 [上陸] させる	0132	
働 を減らす, 減少する	0122		图 地域社会, 共同体, コミュニティ	0140	

学習日　　　月　　　日

単語	1回目	2回目	3回目	意味
0161 **account** [əkáunt]	→			图 口座，説明，勘定
0162 **data** [déɪtə]	→			图 データ
0163 **solution** [səlú:ʃən]	→			图 解決(策)，解答
0164 **harm** [hɑːrm]	→			图 害，悪意
0165 **competition** [kà(:)mpətíʃən]	→			图 競技(会)，コンクール，競争
0166 **industry** [índəstri]	→			图 産業，勤勉
0167 **participant** [pərtísɪpənt]	→			图 参加者
0168 **charity** [tʃǽrəti]	→			图 慈善(事業)
0169 **medicine** [médsən]	→			图 薬，医学
0170 **opinion** [əpínjən]	→			图 意見
0171 **payment** [péɪmənt]	→			图 支払い
0172 **population** [pà(:)pjuléɪʃən]	→			图 人口，（動物の）総数
0173 **access** [ǽkses]	→			图 入手方法，接近方法，アクセス
0174 **generation** [dʒènəréɪʃən]	→			图 (同)世代，年齢層，1世代(約30年間)
0175 **resident** [rézɪdənt]	→			图 居住者
0176 **quality** [kwá(:)ləti]	→			图 質，良質，特性
0177 **distance** [dístəns]	→			图 距離，遠方
0178 **variety** [vəráɪəti]	→			图 種類，多様性
0179 **career** [kəríər]	→			图 職業，経歴
0180 **item** [áɪtəm]	→			图 品目，項目，～個

✖ 記憶から引き出す

意　味	ID	単語を書こう
图 質，良質，特性	0176	
图 薬，医学	0169	
图 競技（会），コンクール，競争	0165	
图 居住者	0175	
图 解決（策），解答	0163	
图 口座，説明，勘定	0161	
图 慈善（事業）	0168	
图 データ	0162	
图 産業，勤勉	0166	
图 品目，項目，〜個	0180	

意　味	ID	単語を書こう
图 支払い	0171	
图 (同)世代，年齢層，1世代（約30年間）	0174	
图 職業，経歴	0179	
图 距離，遠方	0177	
图 人口，（動物の）総数	0172	
图 害，悪意	0164	
图 参加者	0167	
图 入手方法，接近方法，アクセス	0173	
图 種類，多様性	0178	
图 意見	0170	

単語編

でる度
A
↓
0161
〜
0180

✖ Unit 8の復習テスト　▶ わからないときは前Unitで確認しましょう。

意　味	ID	単語を書こう
图 顧客，（弁護士などへの）依頼人	0143	
图 広告，宣伝	0160	
图 組織，団体	0153	
图 食料雑貨店，（〜ies）食料雑貨類	0148	
图 性質，自然	0146	
图 生物学	0159	
图 場合，事例	0156	
图 著者，作家	0158	
图 農業	0155	
图 (定年による)退職，引退	0145	

意　味	ID	単語を書こう
图 機器，装置，楽器	0141	
图 アナウンス，発表，告知	0157	
图 (研究・調査などの)方法，秩序	0150	
图 焦点	0142	
图 場所，用地，ウェブサイト	0151	
图 細菌，バクテリア	0144	
图 治療，扱い	0154	
图 (the ＿＿ もしくは(the) E-で)地球	0147	
图 タブレット	0152	
图 ゴミ	0149	

学習日　　　月　　　日

単語	♪ 1回目	👁 2回目	👁 3回目	意味
0181 **view** [vju:]	→			图 見解，見方，視野，眺め
0182 **present** [prézənt]	→			形 現在の，出席している
0183 **recent** [rí:sənt]	→			形 最近の
0184 **available** [əvéiləbl]	→			形 手に入る，利用できる，手が空いている
0185 **extra** [ékstrə]	→			形 余分の，追加の
0186 **successful** [səksésfəl]	→			形 成功した
0187 **nearby** [nìərbái]	→			形 すぐ近くの
0188 **certain** [sə́:rtən]	→			形 一定の，確信して
0189 **similar** [símələr]	→			形 類似した
0190 **various** [véəriəs]	→			形 さまざまな
0191 **effective** [ɪféktɪv]	→			形 効果的な，有効な
0192 **huge** [hju:dʒ]	→			形 ばく大な，巨大な
0193 **serious** [síəriəs]	→			形 深刻な，まじめな，重大な
0194 **social** [sóuʃəl]	→			形 社会の，社会的な
0195 **nowadays** [náuədèɪz]	→			副 近ごろは，今日では
0196 **somewhere** [sʌ́mhwèər]	→			副 どこかに [で／へ]
0197 **moreover** [mɔːróuvər]	→			副 その上
0198 **sincerely** [sɪnsíərli]	→			副 心から，誠実に
0199 **rather** [rǽðər]	→			副 かなり，むしろ，多少
0200 **originally** [ərídʒənəli]	→			副 本来(は)，最初(は)，もともと

記憶から引き出す

意味	ID	単語を書こう
副 その上	0197	
名 見解，見方，視野，眺め	0181	
形 余分の，追加の	0185	
副 本来(は)，最初(は)，もともと	0200	
形 類似した	0189	
副 かなり，むしろ，多少	0199	
形 一定の，確信して	0188	
副 どこかに[で／へ]	0196	
形 手に入る，利用できる，手が空いている	0184	
形 さまざまな	0190	

意味	ID	単語を書こう
形 社会の，社会的な	0194	
形 成功した	0186	
形 効果的な，有効な	0191	
副 近ごろは，今日(こんにち)では	0195	
形 ばく大な，巨大な	0192	
形 最近の	0183	
形 すぐ近くの	0187	
形 深刻な，まじめな，重大な	0193	
形 現在の，出席している	0182	
副 心から，誠実に	0198	

Unit 9の復習テスト

わからないときは前Unitで確認しましょう。

意味	ID	単語を書こう
名 解決(策)，解答	0163	
名 薬，医学	0169	
名 害，悪意	0164	
名 入手方法，接近方法，アクセス	0173	
名 質，良質，特性	0176	
名 口座，説明，勘定	0161	
名 参加者	0167	
名 居住者	0175	
名 産業，勤勉	0166	
名 慈善(事業)	0168	

意味	ID	単語を書こう
名 データ	0162	
名 距離，遠方	0177	
名 職業，経歴	0179	
名 人口，(動物の)総数	0172	
名 種類，多様性	0178	
名 (同)世代，年齢層，1世代(約30年間)	0174	
名 支払い	0171	
名 品目，項目，～個	0180	
名 意見	0170	
名 競技(会)，コンクール，競争	0165	

学習日　　　　月　　　日

単語	🎧 1回目	👁 2回目	👁 3回目	意 味
0201 **avoid** [əvɔ́ɪd]	→			動 を避ける
0202 **contain** [kəntéɪn]	→			動 を含む
0203 **manage** [mǽnɪdʒ]	→			動 を管理[経営]する, を何とかやり遂げる
0204 **consider** [kənsídər]	→			動 をみなす, をよく考える
0205 **remove** [rɪmúːv]	→			動 を取り除く
0206 **organize** [ɔ́ːrɡənàɪz]	→			動 を計画[準備]する, を組織する
0207 **examine** [ɪɡzǽmɪn]	→			動 を検査する, を調べる
0208 **publish** [pʌ́blɪʃ]	→			動 を発表する, を出版する
0209 **affect** [əfékt]	→			動 に影響を及ぼす
0210 **treat** [triːt]	→			動 を扱う, をみなす, を治療する
0211 **participate** [pɑːrtísɪpèɪt]	→			動 参加する
0212 **appear** [əpíər]	→			動 のように見える, 現れる
0213 **rent** [rent]	→			動 を賃借りする, を賃貸しする
0214 **graduate** [ɡrǽdʒuèɪt]	→			動 卒業する
0215 **communicate** [kəmjúːnɪkèɪt]	→			動 意思疎通する, を伝える
0216 **afford** [əfɔ́ːrd]	→			動 を持つ[する]余裕がある
0217 **donate** [dóʊneɪt]	→			動 を寄付する
0218 **promise** [prɑ́(ː)məs]	→			動 (に)約束する
0219 **remain** [rɪméɪn]	→			動 のままである, 残っている
0220 **locate** [lóʊkeɪt]	→			動 (be located in [on] 〜 で)に位置する

🍀 記憶から引き出す

意　味	ID	単語を書こう
🔲 を寄付する	0217	
🔲 に影響を及ぼす	0209	
🔲 参加する	0211	
🔲 を取り除く	0205	
🔲 卒業する	0214	
🔲 を避ける	0201	
🔲 のままである，残っている	0219	
🔲 を含む	0202	
🔲 をみなす，をよく考える	0204	
🔲 を発表する，を出版する	0208	

意　味	ID	単語を書こう
🔲 意思疎通する，を伝える	0215	
🔲 を扱う，をみなす，を治療する	0210	
🔲 を検査する，調べる	0207	
🔲 を管理[経営]する，を何とかやり遂げる	0203	
🔲 を計画[準備]する，を組織する	0206	
🔲 のように見える，現れる	0212	
🔲 (be ___d in [on] ～ で)に位置する	0220	
🔲 (に)約束する	0218	
🔲 を持つ[する]余裕がある	0216	
🔲 を賃借りする，を賃貸しする	0213	

🍀 Unit 10 の復習テスト　▶ わからないときは前Unitで確認しましょう。

意　味	ID	単語を書こう
🔲 どこかに [で／へ]	0196	
🔲 ばく大な，巨大な	0192	
🔲 さまざまな	0190	
🔲 現在の，出席している	0182	
🔲 すぐ近くの	0187	
🔲 その上	0197	
🔲 心から，誠実に	0198	
🔲 一定の，確信して	0188	
🔲 手に入る，利用できる，手が空いている	0184	
🔲 深刻な，まじめな，重大な	0193	

意　味	ID	単語を書こう
🔲 近ごろは，今日では	0195	
🔲 かなり，むしろ，多少	0199	
🔲 余分の，追加の	0185	
🔲 効果的な，有効な	0191	
🔲 成功した	0186	
🔲 本来(は)，最初(は)，もともと	0200	
🔲 見解，見方，視野，眺め	0181	
🔲 最近の	0183	
🔲 類似した	0189	
🔲 社会の，社会的な	0194	

学習日　　　　月　　　日

単語	♪ 1回目	◉ 2回目	◉ 3回目	意 味
0221 **match** [mætʃ]	→			動 (と)調和する，に匹敵する
0222 **kill** [kɪl]	→		↓	動 (時間・計画)をつぶす，を殺す
0223 **occur** [əkə́ːr]	→		↓	動 思い浮かぶ，起こる
0224 **employ** [ɪmplɔ́ɪ]	→		↓	動 を雇う，を用いる
0225 **involve** [ɪnvá(ː)lv]	→		↓	動 を巻き込む，を含む
0226 **perform** [pərfɔ́ːrm]	→		↓	動 (を)演じる，(を)演奏する，を行う
0227 **spread** [spred]	→		↓	動 広まる，を広げる
0228 **depend** [dɪpénd]	→		↓	動 当てにする，次第である
0229 **argue** [áːrgjuː]	→		↓	動 と主張する，(を)議論する
0230 **accept** [əksépt]	→		↓	動 に応じる，を受け取る
0231 **disappoint** [dìsəpɔ́ɪnt]	→		↓	動 を失望させる，(受身形で)がっかりする
0232 **edit** [édɪt]	→		↓	動 (原稿など)を編集する
0233 **complete** [kəmplíːt]	→		↓	動 を完成させる，を仕上げる
0234 **control** [kəntróʊl]	→		↓	動 を抑制する，を支配する
0235 **rise** [raɪz]	→		↓	動 上昇する，増す
0236 **feed** [fiːd]	→		↓	動 に食べ物 [エサ] を与える
0237 **point** [pɔɪnt]	→		↓	動 指し示す，(物・武器など)を向ける
0238 **condition** [kəndíʃən]	→		↓	名 状態，状況，条件
0239 **sense** [sens]	→		↓	名 感覚，思慮，分別，意味
0240 **decision** [dɪsíʒən]	→		↓	名 決定，決心

✖ 記憶から引き出す

意　味	ID	単語を書こう
動 指し示す， (物・武器など) を向ける	0237	
名 感覚，思慮，分別，意味	0239	
動 に応じる，を受け取る	0230	
動 (原稿など) を編集する	0232	
動 を雇う，を用いる	0224	
動 上昇する，増す	0235	
動 広まる，を広げる	0227	
動 (と) 調和する， に匹敵する	0221	
動 を失望させる， (受身形で) がっかりする	0231	
名 状態，状況，条件	0238	

意　味	ID	単語を書こう
名 決定，決心	0240	
動 と主張する， (を) 議論する	0229	
動 を抑制する，を支配する	0234	
動 思い浮かぶ，起こる	0223	
動 に食べ物 [エサ] を与える	0236	
動 (時間・計画) をつぶす， を殺す	0222	
動 (を) 演じる， (を) 演奏する，を行う	0226	
動 を完成させる， を仕上げる	0233	
動 を巻き込む，を含む	0225	
動 当てにする，次第である	0228	

✖ Unit 11の復習テスト　わからないときは前Unitで確認しましょう。

意　味	ID	単語を書こう
動 に影響を及ぼす	0209	
動 意思疎通する，を伝える	0215	
動 を賃借りする， を賃貸しする	0213	
動 を避ける	0201	
動 を計画 [準備] する， を組織する	0206	
動 を含む	0202	
動 をみなす，をよく考える	0204	
動 のままである， 残っている	0219	
動 を取り除く	0205	
動 参加する	0211	

意　味	ID	単語を書こう
動 卒業する	0214	
動 を持つ [する] 余裕がある	0216	
動 を管理 [経営] する， を何とかやり遂げる	0203	
動 (be ___d in [on] ～ で) に位置する	0220	
動 (に) 約束する	0218	
動 を検査する，を調べる	0207	
動 を発表する，を出版する	0208	
動 を扱う，をみなす， を治療する	0210	
動 のように見える，現れる	0212	
動 を寄付する	0217	

学習日　　　　月　　　日

単語	1回目	2回目	3回目	意味
0241 **goods** [gʊdz]	→			名 品物
0242 **cell** [sel]	→			名 細胞，(独)房
0243 **fee** [fi:]	→			名 料金，(専門職への)報酬
0244 **head** [hed]	→			名 責任者，頭
0245 **success** [səksés]	→			名 成功
0246 **opportunity** [à(:)pərtjú:nəţi]	→			名 機会
0247 **movement** [mú:vmənt]	→			名 (政治・社会的)運動，動き，動向
0248 **clothing** [klóʊðɪŋ]	→			名 (集合的に)衣類
0249 **instance** [ínstəns]	→			名 例
0250 **concern** [kənsə́:rn]	→			名 関心事，心配
0251 **economy** [ɪká(:)nəmi]	→			名 経済，節約
0252 **guest** [gest]	→			名 訪問客，(ホテル・レストランなどの)客
0253 **rest** [rest]	→			名 (the ～)残り，そのほかのもの
0254 **income** [ínkʌm]	→			名 収入
0255 **transportation** [trænspərtéɪʃən]	→			名 輸送[交通](機関)
0256 **communication** [kəmjù:nɪkéɪʃən]	→			名 意思の疎通，コミュニケーション
0257 **coast** [koʊst]	→			名 海岸，沿岸
0258 **advantage** [ədvǽnṭɪdʒ]	→			名 利点，有利な点
0259 **effort** [éfərt]	→			名 努力，取り組み
0260 **period** [píəriəd]	→			名 期間，時代，終止符

❖ 記憶から引き出す

意 味	ID	単語を書こう	意 味	ID	単語を書こう
图 努力，取り組み	0259		图 責任者，頭	0244	
图 関心事，心配	0250		图 (集合的に) 衣類	0248	
图 品物	0241		图 輸送 [交通] (機関)	0255	
图 例	0249		图 細胞，(独) 房	0242	
图 海岸，沿岸	0257		图 経済，節約	0251	
图 期間，時代，終止符	0260		图 (the ～) 残り， そのほかのもの	0253	
图 意思の疎通， コミュニケーション	0256		图 成功	0245	
图 機会	0246		图 利点，有利な点	0258	
图 料金， (専門職への) 報酬	0243		图 収入	0254	
图 訪問客，(ホテル・レス トランなどの) 客	0252		图 (政治・社会的) 運動， 動き，動向	0247	

❖ Unit 12 の復習テスト　わからないときは前 Unit で確認しましょう。

意 味	ID	単語を書こう	意 味	ID	単語を書こう
图 決定，決心	0240		勵 (と) 調和する， に匹敵する	0221	
勵 に食べ物 [エサ] を与える	0236		勵 を雇う，を用いる	0224	
图 状態，状況，条件	0238		勵 上昇する，増す	0235	
勵 広まる，を広げる	0227		图 感覚，思慮，分別，意味	0239	
勵 (時間・計画) をつぶす， を殺す	0222		勵 を失望させる， (受身形で) がっかりする	0231	
勵 を巻き込む，を含む	0225		勵 と主張する， (を) 議論する	0229	
勵 に応じる，を受け取る	0230		勵 (原稿など) を編集する	0232	
勵 (を) 演じる， (を) 演奏する，を行う	0226		勵 思い浮かぶ，起こる	0223	
勵 指し示す， (物・武器など) を向ける	0237		勵 を完成させる， を仕上げる	0233	
勵 を抑制する，を支配する	0234		勵 当てにする，次第である	0228	

学習日　　　　　月　　　日

単語	1回目	2回目	3回目	意 味
0261 **license** [láɪsəns]	→			图 免許証, (公的機関の)許可
0262 **invention** [ɪnvénʃən]	→			图 発明
0263 **laptop** [lǽptɑ(:)p]	→			图 ノートパソコン, ラップトップ型コンピューター
0264 **agency** [éɪdʒənsi]	→			图 代理店
0265 **evidence** [évɪdəns]	→			图 証拠
0266 **neighborhood** [néɪbərhʊd]	→			图 近所, (集合的に)近所の人々
0267 **appointment** [əpóɪntmənt]	→			图 (会う)約束, (病院などの)予約
0268 **measure** [méʒər]	→			图 (しばしば ~s)措置, 基準
0269 **temperature** [témpərətʃər]	→			图 温度, 気温
0270 **salary** [sǽləri]	→			图 給料
0271 **creature** [kríːtʃər]	→			图 生き物
0272 **direction** [dərékʃən]	→			图 (通例 ~s)(行き方などの)指示, 方向
0273 **crime** [kraɪm]	→			图 犯罪
0274 **deadline** [dédlàɪn]	→			图 締切, 期限
0275 **role** [roʊl]	→			图 役割, 役
0276 **image** [ímɪdʒ]	→			图 画像, 印象
0277 **society** [səsáɪəti]	→			图 社会
0278 **climate** [kláɪmət]	→			图 (ある地域の平均的な)気候
0279 **survey** [sə́ːrveɪ]	→			图 調査, 概観
0280 **experiment** [ɪkspérɪmənt]	→			图 実験

❀ 記憶から引き出す

意　味	ID	単語を書こう	意　味	ID	単語を書こう
图 社会	0277		图 代理店	0264	
图 近所， (集合的に) 近所の人々	0266		图 免許証， (公的機関の) 許可	0261	
图 給料	0270		图 (しばしば ～s) 措置，基準	0268	
图 (会う) 約束， (病院などの) 予約	0267		图 役割，役	0275	
图 証拠	0265		图 犯罪	0273	
图 実験	0280		图 締切，期限	0274	
图 (ある地域の平均的な) 気候	0278		图 生き物	0271	
图 発明	0262		图 ノートパソコン，ラップ トップ型コンピューター	0263	
图 (通例 ～s)(行き方など の) 指示，方向	0272		图 画像，印象	0276	
图 温度，気温	0269		图 調査，概観	0279	

❀ Unit 13 の復習テスト　　わからないときは前Unitで確認しましょう。

意　味	ID	単語を書こう	意　味	ID	単語を書こう
图 収入	0254		图 細胞，(独) 房	0242	
图 海岸，沿岸	0257		图 経済，節約	0251	
图 訪問客，(ホテル・レス トランなどの) 客	0252		图 品物	0241	
图 輸送 [交通] (機関)	0255		图 努力，取り組み	0259	
图 期間，時代，終止符	0260		图 例	0249	
图 責任者，頭	0244		图 料金， (専門職への) 報酬	0243	
图 (the ～) 残り， そのほかのもの	0253		图 (政治・社会的) 運動， 動き，動向	0247	
图 機会	0246		图 成功	0245	
图 (集合的に) 衣類	0248		图 利点，有利な点	0258	
图 意思の疎通， コミュニケーション	0256		图 関心事，心配	0250	

学習日　　　月　　日

単語	1回目	2回目	3回目	意味
0281 **vitamin** [vάɪṭəmɪn]	→			图 (通例 ~s) ビタミン
0282 **particular** [pərtíkjulər]	→			形 特定の，詳細な
0283 **harmful** [háːrmfəl]	→			形 有害な
0284 **convenient** [kənvíːniənt]	→			形 都合のいい，便利な
0285 **public** [pʌ́blɪk]	→			形 公の，公共の，公衆の
0286 **medical** [médɪkəl]	→			形 医学の
0287 **original** [ərídʒənəl]	→			形 最初の，独創的な
0288 **economic** [ìːkəná(ː)mɪk]	→			形 経済の
0289 **nervous** [nɚ́ːrvəs]	→			形 心配して，神経質な
0290 **empty** [émpti]	→			形 空の
0291 **global** [glóubəl]	→			形 地球全体の，全体的な
0292 **frequent** [fríːkwənt]	→			形 頻繁な
0293 **surprising** [sərpráɪzɪŋ]	→			形 驚くべき
0294 **regularly** [régjulərli]	→			副 定期的に
0295 **lately** [léɪtli]	→			副 近ごろ，最近
0296 **immediately** [ɪmíːdiətli]	→			副 直ちに，直接に
0297 **furthermore** [fɚ́ːrðərmɔ̀ːr]	→			副 その上，さらに
0298 **unfortunately** [ʌnfɔ́ːrtʃənətli]	→			副 不運にも
0299 **downtown** [dàuntáun]	→			副 町の中心部へ [で]，ビジネス街へ [で]
0300 **despite** [dɪspáɪt]	→			前 ~にもかかわらず

✖ 記憶から引き出す

意 味	ID	単語を書こう	意 味	ID	単語を書こう
图 (通例 ～s)ビタミン	0281		副 町の中心部へ [で]，ビジネス街へ [で]	0299	
副 直ちに，直接に	0296		形 頻繁な	0292	
形 有害な	0283		前 ～にもかかわらず	0300	
形 空の	0290		副 定期的に	0294	
形 公の，公共の，公衆の	0285		副 近ごろ，最近	0295	
形 地球全体の，全体的な	0291		形 特定の，詳細な	0282	
副 その上，さらに	0297		形 経済の	0288	
形 医学の	0286		形 最初の，独創的な	0287	
形 心配して，神経質な	0289		副 不運にも	0298	
形 驚くべき	0293		形 都合のいい，便利な	0284	

✖ Unit 14の復習テスト ▸ わからないときは前Unitで確認しましょう。

意 味	ID	単語を書こう	意 味	ID	単語を書こう
图 犯罪	0273		图 実験	0280	
图 証拠	0265		图 給料	0270	
图 (通例 ～s) (行き方などの) 指示，方向	0272		图 代理店	0264	
图 近所，(集合的に)近所の人々	0266		图 画像，印象	0276	
图 締切，期限	0274		图 温度，気温	0269	
图 発明	0262		图 (ある地域の平均的な) 気候	0278	
图 (しばしば ～s)措置，基準	0268		图 生き物	0271	
图 免許証，(公的機関の) 許可	0261		图 役割，役	0275	
图 (会う)約束，(病院などの) 予約	0267		图 調査，概観	0279	
图 社会	0277		图 ノートパソコン，ラップトップ型コンピューター	0263	

単語	1回目	2回目	3回目	意味
0301 **complain** [kəmpléɪn]	→			動 不平を言う
0302 **decorate** [dékərèɪt]	→			動 を飾る
0303 **preserve** [prɪzə́ːrv]	→			動 を保存する
0304 **inform** [ɪnfɔ́ːrm]	→			動 に通知する
0305 **discuss** [dɪskʌ́s]	→			動 について議論する
0306 **upset** [ʌ̀psét]	→			動 を動揺させる, をひっくり返す
0307 **destroy** [dɪstrɔ́ɪ]	→			動 を破壊する, を台無しにする
0308 **promote** [prəmóut]	→			動 を促進する, を昇進させる
0309 **concentrate** [kɑ́(ː)nsəntrèɪt]	→			動 集中する
0310 **estimate** [éstɪmèɪt]	→			動 を見積もる, を評価する
0311 **suppose** [səpóuz]	→			動 (be supposed to *do* で) ～することになっている
0312 **request** [rɪkwést]	→			動 に頼む, を要請する
0313 **advertise** [ǽdvərtàɪz]	→			動 を宣伝 [広告] する
0314 **marry** [mǽri]	→			動 と結婚する
0315 **separate** [sépərèɪt]	→			動 を離す
0316 **search** [sə́ːrtʃ]	→			動 (を)探す
0317 **click** [klɪk]	→			動 をクリックする
0318 **release** [rɪlíːs]	→			動 を放つ, を解放する
0319 **apply** [əplái]	→			動 申し込む, を応用 [適用] する
0320 **pack** [pæk]	→			動 を詰める, (を)荷造りする

✖ 記憶から引き出す

意　味	ID	単語を書こう
動 を放つ，を解放する	0318	
動 を動揺させる，をひっくり返す	0306	
動 を保存する	0303	
動 を破壊する，を台無しにする	0307	
動 を離す	0315	
動 を促進する，を昇進させる	0308	
動 に通知する	0304	
動 と結婚する	0314	
動 (を)探す	0316	
動 を詰める，(を)荷造りする	0320	

意　味	ID	単語を書こう
動 (be ___d to do で)～することになっている	0311	
動 不平を言う	0301	
動 について議論する	0305	
動 集中する	0309	
動 を飾る	0302	
動 をクリックする	0317	
動 を見積もる，を評価する	0310	
動 を宣伝[広告]する	0313	
動 申し込む，を応用[適用]する	0319	
動 に頼む，を要請する	0312	

✖ Unit 15の復習テスト　わからないときは前Unitで確認しましょう。

意　味	ID	単語を書こう
副 直ちに，直接に	0296	
形 特定の，詳細な	0282	
形 空の	0290	
形 驚くべき	0293	
形 最初の，独創的な	0287	
形 都合のいい，便利な	0284	
形 公の，公共の，公衆の	0285	
副 不運にも	0298	
名 (通例～s)ビタミン	0281	
形 心配して，神経質な	0289	

意　味	ID	単語を書こう
形 有害な	0283	
形 経済の	0288	
形 地球全体の，全体的な	0291	
前 ～にもかかわらず	0300	
形 頻繁な	0292	
形 医学の	0286	
副 その上，さらに	0297	
副 定期的に	0294	
副 近ごろ，最近	0295	
副 町の中心部へ[で]，ビジネス街へ[で]	0299	

学習日　　　月　　日

単語	🎧 1回目	👁 2回目	👁 3回目	意味
0321 **fit** [fɪt]	→			動 に適合する，を収める
0322 **recognize** [rékəgnàɪz]	→			動 を見分ける，を認める
0323 **delay** [dɪléɪ]	→			動 を遅らせる，を延期する
0324 **transport** [trænspɔ́ːrt]	→			動 を輸送する
0325 **respect** [rɪspékt]	→			動 を尊敬する，を尊重する
0326 **celebrate** [séləbrèɪt]	→			動 (を)祝う
0327 **connect** [kənékt]	→			動 をつなぐ，を関係させる
0328 **gather** [gǽðər]	→			動 を集める，集まる
0329 **hand** [hænd]	→			動 (物)を手渡す
0330 **compare** [kəmpéər]	→			動 を比較する，を例える
0331 **appreciate** [əpríːʃièɪt]	→			動 を感謝する，を正しく評価する
0332 **stick** [stɪk]	→			動 くっつく，をくっつける
0333 **adopt** [ədá(ː)pt]	→			動 を採用する，を養子にする
0334 **source** [sɔːrs]	→			名 源，原因
0335 **trend** [trend]	→			名 傾向，動向，流行
0336 **reservation** [rèzərvéɪʃən]	→			名 (座席・部屋などの)予約
0337 **detail** [díːteɪl]	→			名 (～s)詳細，細部
0338 **clerk** [kləːrk]	→			名 店員，係員
0339 **issue** [íʃuː]	→			名 問題(点)，発行
0340 **approach** [əpróʊtʃ]	→			名 取り組み方，接近

❧ 記憶から引き出す

意 味	ID	単語を書こう
图 (座席・部屋などの) 予約	0336	
動 を尊敬する，を尊重する	0325	
图 (~s) 詳細，細部	0337	
图 源，原因	0334	
動 をつなぐ，を関係させる	0327	
動 を見分ける，を認める	0322	
图 傾向，動向，流行	0335	
動 を感謝する，を正しく評価する	0331	
图 取り組み方，接近	0340	
動 を採用する，を養子にする	0333	

意 味	ID	単語を書こう
動 を輸送する	0324	
图 店員，係員	0338	
動 くっつく，をくっつける	0332	
動 を比較する，を例える	0330	
图 問題 (点)，発行	0339	
動 を遅らせる，を延期する	0323	
動 を集める，集まる	0328	
動 に適合する，を収める	0321	
動 (物) を手渡す	0329	
動 (を) 祝う	0326	

❧ Unit 16 の復習テスト　わからないときは前 Unit で確認しましょう。

意 味	ID	単語を書こう
動 (be ___d to *do* で) 〜することになっている	0311	
動 と結婚する	0314	
動 をクリックする	0317	
動 不平を言う	0301	
動 を促進する，を昇進させる	0308	
動 を動揺させる，をひっくり返す	0306	
動 を保存する	0303	
動 申し込む，を応用 [適用] する	0319	
動 を破壊する，を台無しにする	0307	
動 に頼む，を要請する	0312	

意 味	ID	単語を書こう
動 を放つ，を解放する	0318	
動 に通知する	0304	
動 を宣伝 [広告] する	0313	
動 を見積もる，を評価する	0310	
動 (を) 探す	0316	
動 を飾る	0302	
動 について議論する	0305	
動 を詰める，(を) 荷造りする	0320	
動 集中する	0309	
動 を離す	0315	

学習日　　　月　　　日

単 語	1回目	2回目	3回目	意 味
0341 **majority** [mədʒɔ́(:)rəṭi]	→			图 大多数，大部分，多数派
0342 **location** [loʊkéɪʃən]	→	↓		图 場所，位置
0343 **relationship** [rɪléɪʃənʃɪp]	→	↓		图 関係，間柄
0344 **equipment** [ɪkwípmənt]	→	↓		图 (集合的に)用具，設備
0345 **battery** [bǽṭəri]	→	↓		图 電池，バッテリー
0346 **object** [á(:)bdʒekt]	→	↓		图 物，対象，目的
0347 **software** [sɔ́(:)ftwèər]	→	↓		图 ソフトウェア
0348 **air conditioner** [éər kəndíʃənər]	→	↓		图 冷暖房装置，エアコン
0349 **engine** [éndʒɪn]	→	↓		图 エンジン
0350 **officer** [á(:)fəsər]	→	↓		图 警察官，巡査，公務員，将校
0351 **conversation** [kà(:)nvərséɪʃən]	→	↓		图 会話
0352 **blanket** [blǽŋkət]	→	↓		图 毛布
0353 **global warming** [glòʊbəl wɔ́:rmɪŋ]	→	↓		图 地球温暖化
0354 **law** [lɔː]	→	↓		图 法律，法
0355 **disease** [dɪzíːz]	→	↓		图 病気
0356 **knowledge** [ná(:)lɪdʒ]	→	↓		图 知識
0357 **discovery** [dɪskʌ́vəri]	→	↓		图 発見
0358 **challenge** [tʃǽlɪndʒ]	→	↓		图 難題
0359 **muscle** [mʌ́sl]	→	↓		图 筋肉
0360 **ingredient** [ɪngríːdiənt]	→	↓		图 材料，成分，要素

✖ 記憶から引き出す

意 味	ID	単語を書こう	意 味	ID	単語を書こう
图 エンジン	0349		图 地球温暖化	0353	
图 電池, バッテリー	0345		图 関係, 間柄	0343	
图 警察官, 巡査, 公務員, 将校	0350		图 病気	0355	
图 毛布	0352		图 (集合的に)用具, 設備	0344	
图 知識	0356		图 冷暖房装置, エアコン	0348	
图 ソフトウェア	0347		图 材料, 成分, 要素	0360	
图 発見	0357		图 大多数, 大部分, 多数派	0341	
图 会話	0351		图 難題	0358	
图 筋肉	0359		图 物, 対象, 目的	0346	
图 場所, 位置	0342		图 法律, 法	0354	

✖ Unit 17の復習テスト　わからないときは前Unitで確認しましょう。

意 味	ID	単語を書こう	意 味	ID	単語を書こう
動 (物)を手渡す	0329		動 をつなぐ, を関係させる	0327	
图 (~s)詳細, 細部	0337		動 を尊敬する, を尊重する	0325	
動 を見分ける, を認める	0322		图 取り組み方, 接近	0340	
動 を集める, 集まる	0328		動 を採用する, を養子にする	0333	
動 に適合する, を収める	0321		動 を遅らせる, を延期する	0323	
图 (座席・部屋などの)予約	0336		動 を感謝する, を正しく評価する	0331	
動 くっつく, をくっつける	0332		图 源, 原因	0334	
動 を比較する, を例える	0330		動 を輸送する	0324	
图 店員, 係員	0338		图 問題(点), 発行	0339	
图 傾向, 動向, 流行	0335		動 (を)祝う	0326	

学習日 　　月　　日

単 語	1回目	2回目	3回目	意 味
0361 **agent** [éɪdʒənt]	→			图 仲介者, 代理人
0362 **fear** [fɪər]	→			图 恐れ, 不安
0363 **fashion** [fǽʃən]	→			图 流行, ファッション, 方法
0364 **balance** [bǽləns]	→			图 つり合い, バランス
0365 **instructor** [ɪnstrʌ́ktər]	→			图 教官, インストラクター
0366 **development** [dɪvéləpmənt]	→			图 発達, 発展, 開発
0367 **technique** [tekní:k]	→			图 (専門的)技術, 技巧, 手法
0368 **director** [dəréktər]	→			图 映画監督, 指導者, 重役
0369 **exhibition** [èksɪbíʃən]	→			图 展覧(会), 展示(会)
0370 **region** [rí:dʒən]	→			图 地域, 地方
0371 **facility** [fəsíləţi]	→			图 施設, 設備
0372 **aim** [eɪm]	→			图 狙い, 目標
0373 **assignment** [əsáɪnmənt]	→			图 課題, 割り当て
0374 **trail** [treɪl]	→			图 (山中の)小道
0375 **scene** [si:n]	→			图 現場, 風景, 場面
0376 **pressure** [préʃər]	→			图 圧力, 重圧
0377 **response** [rɪspá(:)ns]	→			图 応答, 反応
0378 **vehicle** [ví:əkl]	→			图 乗り物
0379 **skin** [skɪn]	→			图 肌, 皮膚
0380 **fossil** [fá(:)səl]	→			图 化石

❋ 記憶から引き出す

意　味	ID	単語を書こう
图 圧力，重圧	0376	
图 展覧(会)，展示(会)	0369	
图 映画監督，指導者，重役	0368	
图 狙い，目標	0372	
图 教官，インストラクター	0365	
图 応答，反応	0377	
图 仲介者，代理人	0361	
图 (専門的)技術，技巧，手法	0367	
图 地域，地方	0370	
图 乗り物	0378	

意　味	ID	単語を書こう
图 課題，割り当て	0373	
图 化石	0380	
图 施設，設備	0371	
图 発達，発展，開発	0366	
图 恐れ，不安	0362	
图 (山中の)小道	0374	
图 流行，ファッション，方法	0363	
图 つり合い，バランス	0364	
图 現場，風景，場面	0375	
图 肌，皮膚	0379	

❋ Unit 18の復習テスト ▷ わからないときは前Unitで確認しましょう。

意　味	ID	単語を書こう
图 ソフトウェア	0347	
图 (集合的に)用具，設備	0344	
图 材料，成分，要素	0360	
图 警察官，巡査，公務員，将校	0350	
图 知識	0356	
图 関係，間柄	0343	
图 法律，法	0354	
图 エンジン	0349	
图 病気	0355	
图 場所，位置	0342	

意　味	ID	単語を書こう
图 毛布	0352	
图 電池，バッテリー	0345	
图 地球温暖化	0353	
图 筋肉	0359	
图 大多数，大部分，多数派	0341	
图 発見	0357	
图 冷暖房装置，エアコン	0348	
图 物，対象，目的	0346	
图 会話	0351	
图 難題	0358	

学習日　　　月　　日

単語	🔊 1回目	👁 2回目	👁 3回目	意味
0381 electric [ɪléktrɪk]	→			形 電気の
0382 current [kə́:rənt]	→			形 現在の，流通している
0383 environmental [ɪnvàɪərənméntl]	→			形 環境の
0384 rare [reər]	→			形 珍しい，まれな
0385 efficient [ɪfíʃənt]	→			形 能率的な
0386 personal [pə́:rsənəl]	→			形 個人の
0387 confident [ká(:)nfɪdənt]	→			形 確信して，自信のある
0388 past [pæst]	→			形 過去の
0389 solar [sóʊlər]	→			形 太陽の
0390 official [əfíʃəl]	→			形 公式の
0391 valuable [vǽljuəbl]	→			形 高価な，有益な
0392 casual [kǽʒuəl]	→			形 (衣服が) カジュアルな，略式の
0393 negative [négəṭɪv]	→			形 好ましくない，消極的な，否定の
0394 major [méɪdʒər]	→			形 主要な，重大な
0395 classic [klǽsɪk]	→			形 (文学・芸術などが) 最高水準の，典型的な
0396 especially [ɪspéʃəli]	→			副 特に
0397 directly [dəréktli]	→			副 直接に
0398 frequently [fríːkwəntli]	→			副 頻繁に
0399 environmentally [ɪnvàɪərənméntəli]	→			副 環境 (保護) の点で
0400 eventually [ɪvéntʃuəli]	→			副 結局 (は)，とうとう

❊ 記憶から引き出す

意 味	ID	単語を書こう
形 珍しい，まれな	0384	
形 主要な，重大な	0394	
形 電気の	0381	
形 確信して，自信のある	0387	
副 結局（は），とうとう	0400	
形 現在の，流通している	0382	
副 特に	0396	
形 （文学・芸術などが）最高水準の，典型的な	0395	
形 （衣服が）カジュアルな，略式の	0392	
形 公式の	0390	

意 味	ID	単語を書こう
副 頻繁に	0398	
形 好ましくない，消極的な，否定の	0393	
副 直接に	0397	
形 高価な，有益な	0391	
副 環境（保護）の点で	0399	
形 太陽の	0389	
形 環境の	0383	
形 過去の	0388	
形 個人の	0386	
形 能率的な	0385	

❊ Unit 19の復習テスト　　わからないときは前Unitで確認しましょう。

意 味	ID	単語を書こう
名 地域，地方	0370	
名 化石	0380	
名 展覧（会），展示（会）	0369	
名 応答，反応	0377	
名 （山中の）小道	0374	
名 課題，割り当て	0373	
名 発達，発展，開発	0366	
名 仲介者，代理人	0361	
名 肌，皮膚	0379	
名 教官，インストラクター	0365	

意 味	ID	単語を書こう
名 乗り物	0378	
名 映画監督，指導者，重役	0368	
名 恐れ，不安	0362	
名 狙い，目標	0372	
名 つり合い，バランス	0364	
名 施設，設備	0371	
名 （専門的）技術，技巧，手法	0367	
名 流行，ファッション，方法	0363	
名 圧力，重圧	0376	
名 現場，風景，場面	0375	

学習日　　　月　　　日

単語	1回目	2回目	3回目	意　味
0401 **consume** [kənsjúːm]	→			動 を消費する
0402 **count** [kaʊnt]	→			動 (を)数える，重要である
0403 **remind** [rɪmáɪnd]	→			動 に思い出させる
0404 **warn** [wɔːrn]	→			動 (に)警告する
0405 **rely** [rɪláɪ]	→			動 頼る
0406 **respond** [rɪspá(ː)nd]	→			動 答える，反応する
0407 **refer** [rɪfə́ːr]	→			動 参照する，言及する
0408 **behave** [bɪhéɪv]	→			動 振る舞う，行儀良くする
0409 **scare** [skeər]	→			動 をおびえさせる
0410 **disturb** [dɪstə́ːrb]	→			動 の邪魔をする，に迷惑をかける
0411 **cover** [kʌ́vər]	→			動 (話題など)を扱う，を覆う
0412 **reserve** [rɪzə́ːrv]	→			動 (座席・部屋など)を予約する，を取っておく
0413 **deliver** [dɪlívər]	→			動 を配達する
0414 **trust** [trʌst]	→			動 を信頼する
0415 **upgrade** [ʌpgréɪd]	→			動 (の)質を高める，(を)アップグレードする
0416 **roll** [roʊl]	→			動 を巻く，を転がす，転がる，回る
0417 **surf** [səːrf]	→			動 (ウェブサイトなど)を見て回る，サーフィンをする
0418 **beat** [biːt]	→			動 鼓動する，打つ，を打ち負かす
0419 **lay** [leɪ]	→			動 (卵)を産む，を置く，を横たえる
0420 **register** [rédʒɪstər]	→			動 (を)登録する

記憶から引き出す

意味	ID	単語を書こう
動 を配達する	0413	
動 に思い出させる	0403	
動 (座席・部屋など)を予約する，を取っておく	0412	
動 (を)数える，重要である	0402	
動 答える，反応する	0406	
動 を巻く，を転がす，転がる，回る	0416	
動 頼る	0405	
動 (話題など)を扱う，を覆う	0411	
動 (ウェブサイトなど)を見て回る，サーフィンをする	0417	
動 (の)質を高める，(を)アップグレードする	0415	

意味	ID	単語を書こう
動 鼓動する，打つ，を打ち負かす	0418	
動 をおびえさせる	0409	
動 参照する，言及する	0407	
動 の邪魔をする，に迷惑をかける	0410	
動 (卵)を産む，を置く，を横たえる	0419	
動 振る舞う，行儀良くする	0408	
動 (に)警告する	0404	
動 (を)登録する	0420	
動 を信頼する	0414	
動 を消費する	0401	

Unit 20の復習テスト

わからないときは前Unitで確認しましょう。

意味	ID	単語を書こう
形 能率的な	0385	
形 太陽の	0389	
形 個人の	0386	
副 特に	0396	
副 結局(は)，とうとう	0400	
形 (文学・芸術などが)最高水準の，典型的な	0395	
形 高価な，有益な	0391	
形 珍しい，まれな	0384	
形 主要な，重大な	0394	
形 環境の	0383	

意味	ID	単語を書こう
形 (衣服が)カジュアルな，略式の	0392	
副 頻繁に	0398	
形 公式の	0390	
形 確信して，自信のある	0387	
形 電気の	0381	
形 好ましくない，消極的な，否定の	0393	
形 過去の	0388	
形 現在の，流通している	0382	
副 環境(保護)の点で	0399	
副 直接に	0397	

学習日　　　　　月　　　日

単語	⟩ 1回目	● 2回目	● 3回目	意味
0421 **expand** [ɪkspǽnd]	→			動 (を)拡大[拡張]する, を膨張させる
0422 **cure** [kjʊər]	→			動 (患者・病気)を治す, (問題など)を解決する
0423 **rush** [rʌʃ]	→			動 急いで行く, を急がせる
0424 **scan** [skæn]	→			動 をスキャンする, を注意深く調べる, をざっと見る
0425 **promotion** [prəmóʊʃən]	→			名 昇級, 宣伝
0426 **improvement** [ɪmprúːvmənt]	→			名 改善, 進歩, 向上
0427 **degree** [dɪɡríː]	→			名 学位, 程度, (温度や角度などの)度
0428 **instruction** [ɪnstrʌ́kʃən]	→			名 (~s)指示, 使用説明書
0429 **countryside** [kʌ́ntrisàɪd]	→			名 田舎
0430 **brand** [brænd]	→			名 ブランド, 銘柄
0431 **privacy** [práɪvəsi]	→			名 プライバシー, 私生活
0432 **healthcare** [hélθkèər]	→			名 医療, 健康管理
0433 **term** [təːrm]	→			名 期間, 学期, 専門用語
0434 **clinic** [klínɪk]	→			名 診療所, クリニック
0435 **safety** [séɪfti]	→			名 安全(性)
0436 **blood** [blʌd]	→			名 血, 血液
0437 **tourism** [tʊ́ərìzm]	→			名 観光事業, 観光旅行
0438 **construction** [kənstrʌ́kʃən]	→			名 建設(工事), 建造物
0439 **temple** [témpl]	→			名 寺院, 神殿
0440 **demand** [dɪmǽnd]	→			名 需要, 要求

✖ 記憶から引き出す

意 味	ID	単語を書こう	意 味	ID	単語を書こう
動 急いで行く，を急がせる	0423		名 建設（工事），建造物	0438	
名 診療所，クリニック	0434		名 （～s）指示，使用説明書	0428	
名 需要，要求	0440		名 期間，学期，専門用語	0433	
名 血，血液	0436		名 改善，進歩，向上	0426	
動 （を）拡大［拡張］する，を膨張させる	0421		名 安全（性）	0435	
名 ブランド，銘柄	0430		名 寺院，神殿	0439	
動 をスキャンする，を注意深く調べる，をざっと見る	0424		名 観光事業，観光旅行	0437	
名 学位，程度，（温度や角度などの）度	0427		名 田舎	0429	
名 医療，健康管理	0432		名 プライバシー，私生活	0431	
動 （患者・病気）を治す，（問題など）を解決する	0422		名 昇級，宣伝	0425	

✖ Unit 21の復習テスト ▶ わからないときは前Unitで確認しましょう。

意 味	ID	単語を書こう	意 味	ID	単語を書こう
動 （話題など）を扱う，を覆う	0411		動 を消費する	0401	
動 を巻く，を転がす，転がる，回る	0416		動 （座席・部屋など）を予約する，を取っておく	0412	
動 鼓動する，打つ，を打ち負かす	0418		動 頼る	0405	
動 （の）質を高める，（を）アップグレードする	0415		動 （を）数える，重要である	0402	
動 に思い出させる	0403		動 （ウェブサイトなど）を見て回る，サーフィンをする	0417	
動 を信頼する	0414		動 答える，反応する	0406	
動 振る舞う，行儀良くする	0408		動 （を）登録する	0420	
動 参照する，言及する	0407		動 を配達する	0413	
動 （に）警告する	0404		動 （卵）を産む，を置く，を横たえる	0419	
動 の邪魔をする，に迷惑をかける	0410		動 をおびえさせる	0409	

学習日　　　月　　　日

単語	1回目	2回目	3回目	意味
0441 **crop** [krɑ(:)p]	→			图 作物，収穫高
0442 **campaign** [kæmpéɪn]	→		↓	图 (社会的・政治的・商業的な)組織的活動[運動]，キャンペーン
0443 **conference** [kɑ́(:)nfərəns]	→		↓	图 (公式の)会議，総会
0444 **poison** [pɔ́ɪzən]	→		↓	图 毒
0445 **chemistry** [kémɪstri]	→		↓	图 化学
0446 **delivery** [dɪlívəri]	→		↓	图 配達
0447 **slum** [slʌm]	→		↓	图 (～s)スラム街
0448 **panel** [pǽnəl]	→		↓	图 パネル，羽目板
0449 **flavor** [fléɪvər]	→		↓	图 香味料，風味
0450 **surface** [sə́:rfəs]	→		↓	图 表面，(the ～)外見
0451 **death** [deθ]	→		↓	图 死
0452 **carbon dioxide** [kɑ̀:rbən daɪɑ́(:)ksaɪd]	→		↓	图 二酸化炭素
0453 **bone** [boʊn]	→		↓	图 骨
0454 **average** [ǽvərɪdʒ]	→		↓	图 平均
0455 **gallery** [gǽləri]	→		↓	图 美術館，画廊
0456 **credit card** [krédət kà:rd]	→		↓	图 クレジットカード
0457 **board** [bɔ:rd]	→		↓	图 委員会，板
0458 **valley** [vǽli]	→		↓	图 谷，流域
0459 **decade** [dékeɪd]	→		↓	图 10年間
0460 **recommendation** [rèkəmendéɪʃən]	→		↓	图 推薦，推薦状

記憶から引き出す

意味	ID	単語を書こう
名 毒	0444	
名 パネル，羽目板	0448	
名 美術館，画廊	0455	
名 表面，(the ～)外見	0450	
名 10年間	0459	
名 作物，収穫高	0441	
名 骨	0453	
名 谷，流域	0458	
名 死	0451	
名 (～s)スラム街	0447	

意味	ID	単語を書こう
名 クレジットカード	0456	
名 (公式の)会議，総会	0443	
名 配達	0446	
名 平均	0454	
名 推薦，推薦状	0460	
名 (社会的・政治的・商業的な)組織的活動[運動]，キャンペーン	0442	
名 二酸化炭素	0452	
名 化学	0445	
名 委員会，板	0457	
名 香味料，風味	0449	

Unit 22の復習テスト

わからないときは前Unitで確認しましょう。

意味	ID	単語を書こう
動 急いで行く，を急がせる	0423	
名 期間，学期，専門用語	0433	
名 改善，進歩，向上	0426	
名 需要，要求	0440	
名 ブランド，銘柄	0430	
動 (を)拡大[拡張]する，を膨張させる	0421	
名 学位，程度，(温度や角度などの)度	0427	
名 プライバシー，私生活	0431	
名 (～s)指示，使用説明書	0428	
動 をスキャンする，を注意深く調べる，をざっと見る	0424	

意味	ID	単語を書こう
名 寺院，神殿	0439	
名 昇級，宣伝	0425	
名 観光事業，観光旅行	0437	
名 田舎	0429	
名 血，血液	0436	
動 (患者・病気)を治す，(問題など)を解決する	0422	
名 医療，健康管理	0432	
名 安全(性)	0435	
名 診療所，クリニック	0434	
名 建設(工事)，建造物	0438	

学習日　　　月　　　日

単語	🔊 1回目	👁 2回目	👁 3回目	意　味
0461 **organ** [ɔ́:rgən]	→		↓	图 臓器，器官
0462 **policy** [pá(:)ləsi]	→		↓	图 政策，方針
0463 **sample** [sǽmpl]	→		↓	图 見本，サンプル， 試供品
0464 **custom** [kʌ́stəm]	→		↓	图 慣習，習慣
0465 **contract** [ká(:)ntrækt]	→		↓	图 契約（書），協定
0466 **standard** [stǽndərd]	→		↓	图 （しばしば ~s）基準， 標準，規範
0467 **relative** [rélətɪv]	→		↓	图 親類，身内
0468 **active** [ǽktɪv]	→		↓	形 活動的な
0469 **stressful** [strésfəl]	→		↓	形 ストレスの多い
0470 **positive** [pá(:)zətɪv]	→		↓	形 肯定的な，積極的な， 確信のある
0471 **aware** [əwéər]	→		↓	形 知って，気づいて
0472 **either** [í:ðər]	→		↓	形 どちらでも，（2つの うち）どちらかの
0473 **regular** [régjələr]	→		↓	形 規則正しい，定期的な
0474 **private** [práɪvət]	→		↓	形 個人の，民間の
0475 **worth** [wə́:rθ]	→		↓	形 値する，価値がある
0476 **flexible** [fléksəbl]	→		↓	形 融通の利く，柔軟な
0477 **individual** [ìndɪvídʒuəl]	→		↓	形 個々の，個人的な
0478 **electronic** [ɪlèktrá(:)nɪk]	→		↓	形 電子の
0479 **violent** [váɪələnt]	→		↓	形 暴力的な，乱暴な
0480 **educational** [èdʒəkéɪʃənəl]	→		↓	形 教育的な，教育の

記憶から引き出す

意味	ID	単語を書こう
名 契約(書), 協定	0465	
形 暴力的な, 乱暴な	0479	
形 値する, 価値がある	0475	
名 慣習, 習慣	0464	
形 ストレスの多い	0469	
形 融通の利く, 柔軟な	0476	
名 (しばしば ～s) 基準, 標準, 規範	0466	
形 個々の, 個人的な	0477	
名 親類, 身内	0467	
形 教育的な, 教育の	0480	

意味	ID	単語を書こう
形 どちらでも, (2つのうち)どちらかの	0472	
形 個人の, 民間の	0474	
名 見本, サンプル, 試供品	0463	
形 規則正しい, 定期的な	0473	
名 政策, 方針	0462	
名 臓器, 器官	0461	
形 知って, 気づいて	0471	
形 電子の	0478	
形 活動的な	0468	
形 肯定的な, 積極的な, 確信のある	0470	

Unit 23の復習テスト

わからないときは前Unitで確認しましょう。

意味	ID	単語を書こう
名 作物, 収穫高	0441	
名 (公式の)会議, 総会	0443	
名 10年間	0459	
名 配達	0446	
名 香味料, 風味	0449	
名 (社会的・政治的・商業的な)組織的活動[運動], キャンペーン	0442	
名 美術館, 画廊	0455	
名 委員会, 板	0457	
名 毒	0444	
名 二酸化炭素	0452	

意味	ID	単語を書こう
名 谷, 流域	0458	
名 クレジットカード	0456	
名 死	0451	
名 推薦, 推薦状	0460	
名 骨	0453	
名 パネル, 羽目板	0448	
名 表面, (the ～)外見	0450	
名 (～s)スラム街	0447	
名 化学	0445	
名 平均	0454	

学習日　　　月　　　日

単語	🕭 1回目	👁 2回目	👁 3回目	意味
0481 **wealthy** [wélθi]	→			形 裕福な
0482 **ordinary** [ɔ́:rdənèri]	→	↓		形 普通の，ありふれた
0483 **physical** [fízikəl]	→	↓		形 身体の，物質的な
0484 **attractive** [ətræktɪv]	→	↓		形 魅力的な，人を引き付ける
0485 **portable** [pɔ́:rʈəbl]	→	↓		形 持ち運びできる
0486 **unlikely** [ʌnláɪkli]	→	↓		形 ありそうにもない
0487 **real-estate** [rí:əlɪstèɪt]	→	↓		形 不動産の
0488 **traditionally** [trədíʃənəli]	→	↓		副 伝統的に
0489 **further** [fɔ́:rðər]	→	↓		副 さらに，もっと遠くに
0490 **rapidly** [ræpɪdli]	→	↓		副 急速に，素早く
0491 **properly** [prɑ́(:)pərli]	→	↓		副 適切に，礼儀正しく
0492 **indeed** [ɪndí:d]	→	↓		副 事実として，本当に，実は
0493 **differently** [dífərəntli]	→	↓		副 異なって，それとは違って
0494 **mostly** [móʊstli]	→	↓		副 ほとんど，たいてい，大部分は
0495 **completely** [kəmplí:tli]	→	↓		副 完全に，全く
0496 **gradually** [grædʒuəli]	→	↓		副 徐々に
0497 **dramatically** [drəmæʈɪkəli]	→	↓		副 劇的に
0498 **overtime** [óʊvərtàɪm]	→	↓		副 時間外に
0499 **freely** [frí:li]	→	↓		副 自由に
0500 **neither** [ní:ðər]	→	↓		代 どちらも～ない

❖ 記憶から引き出す

意 味	ID	単語を書こう
形 ありそうにもない	0486	
副 さらに，もっと遠くに	0489	
形 裕福な	0481	
代 どちらも～ない	0500	
副 伝統的に	0488	
形 普通の，ありふれた	0482	
形 魅力的な，人を引き付ける	0484	
形 不動産の	0487	
副 劇的に	0497	
副 適切に，礼儀正しく	0491	

意 味	ID	単語を書こう
副 自由に	0499	
副 異なって，それとは違って	0493	
副 徐々に	0496	
副 急速に，素早く	0490	
副 事実として，本当に，実は	0492	
形 身体の，物質的な	0483	
副 完全に，全く	0495	
副 時間外に	0498	
副 ほとんど，たいてい，大部分は	0494	
形 持ち運びできる	0485	

単語編 / でる度 A ↓ 0481 ～ 0500

❖ Unit 24 の復習テスト
わからないときは前Unitで確認しましょう。

意 味	ID	単語を書こう
形 知って，気づいて	0471	
形 値する，価値がある	0475	
名 臓器，器官	0461	
名 慣習，習慣	0464	
名 親類，身内	0467	
形 融通の利く，柔軟な	0476	
形 暴力的な，乱暴な	0479	
名 見本，サンプル，試供品	0463	
形 活動的な	0468	
形 教育的な，教育の	0480	

意 味	ID	単語を書こう
名 契約（書），協定	0465	
形 規則正しい，定期的な	0473	
形 電子の	0478	
形 どちらでも，（2つのうち）どちらかの	0472	
名 (しばしば ～s) 基準，標準，規範	0466	
名 政策，方針	0462	
形 ストレスの多い	0469	
形 個人の，民間の	0474	
形 肯定的な，積極的な，確信のある	0470	
形 個々の，個人的な	0477	

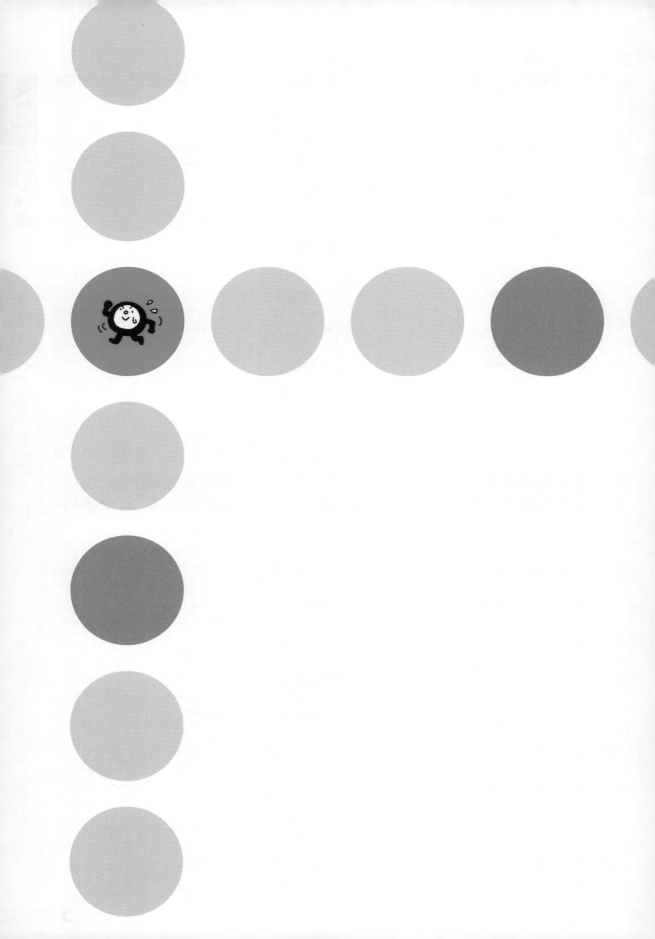

単語編

でる度 **B**　よくでる重要単語 **400**

学習日　　　月　　　日

単語	))) 1回目	◉ 2回目	◉ 3回目	意味
0501 **select** [səlékt]	→			動 を選ぶ
0502 **arrange** [əréɪndʒ]	→	↓		動 (会合の日時など)を取り決める，を整える，準備をする
0503 **observe** [əbzə́ːrv]	→	↓		動 を観察する，(法など)を守る
0504 **switch** [swɪtʃ]	→	↓		動 を交換する，をスイッチで切り替える
0505 **bend** [bend]	→	↓		動 を曲げる，曲がる
0506 **prove** [pruːv]	→	↓		動 わかる，を証明する
0507 **achieve** [ətʃíːv]	→	↓		動 を達成する，を成し遂げる
0508 **transfer** [trænsfə́ːr]	→	↓		動 を移す，乗り換える
0509 **impress** [ɪmprés]	→	↓		動 を感心させる，に(良い)印象を与える
0510 **fold** [fould]	→	↓		動 を折る，を畳む
0511 **correct** [kərékt]	→	↓		動 を訂正する
0512 **reply** [rɪpláɪ]	→	↓		動 返事をする，応じる
0513 **emphasize** [émfəsàɪz]	→	↓		動 を強調する
0514 **spill** [spɪl]	→	↓		動 をこぼす，こぼれる
0515 **confuse** [kənfjúːz]	→	↓		動 を当惑させる，を混同する
0516 **breathe** [briːð]	→	↓		動 呼吸する
0517 **lie** [laɪ]	→	↓		動 横になる，置いてある，ある
0518 **lock** [lɑ(ː)k]	→	↓		動 にカギをかける
0519 **spin** [spɪn]	→	↓		動 回る，を回す
0520 **process** [prɑ́(ː)ses]	→	↓		動 (食品・原料など)を加工処理する

✖ 記憶から引き出す

意 味	ID	単語を書こう
動 わかる，を証明する	0506	
動 横になる，置いてある，ある	0517	
動 を達成する，を成し遂げる	0507	
動 をこぼす，こぼれる	0514	
動 を曲げる，曲がる	0505	
動 を強調する	0513	
動 を観察する，(法など)を守る	0503	
動 を感心させる，に(良い)印象を与える	0509	
動 返事をする，応じる	0512	
動 を折る，を畳む	0510	

意 味	ID	単語を書こう
動 呼吸する	0516	
動 を移す，乗り換える	0508	
動 を当惑させる，を混同する	0515	
動 を交換する，をスイッチで切り替える	0504	
動 回る，を回す	0519	
動 を選ぶ	0501	
動 にカギをかける	0518	
動 (会合の日時など)を取り決める，を整える，準備をする	0502	
動 (食品・原料など)を加工処理する	0520	
動 を訂正する	0511	

単語編

でる度
B
↓
0501
〜
0520

✖ Unit 25の復習テスト ▶ わからないときは前Unitで確認しましょう。

意 味	ID	単語を書こう
副 伝統的に	0488	
副 完全に，全く	0495	
副 適切に，礼儀正しく	0491	
副 時間外に	0498	
副 徐々に	0496	
副 自由に	0499	
形 魅力的な，人を引き付ける	0484	
副 ほとんど，たいてい，大部分は	0494	
形 持ち運びできる	0485	
形 不動産の	0487	

意 味	ID	単語を書こう
形 身体の，物質的な	0483	
副 急速に，素早く	0490	
形 普通の，ありふれた	0482	
副 劇的に	0497	
代 どちらも〜ない	0500	
副 異なって，それとは違って	0493	
形 ありそうにもない	0486	
形 裕福な	0481	
副 さらに，もっと遠くに	0489	
副 事実として，本当に，実は	0492	

学習日　　　　月　　　日

単 語	1回目	2回目	3回目	意 味
0521 **trap** [træp]	→			動 を閉じ込める， をわなで捕らえる
0522 **rob** [rɑ(:)b]	→			動 から奪う
0523 **analyze** [ǽnəlàɪz]	→			動 を分析する
0524 **choice** [tʃɔɪs]	→			图 選択
0525 **profit** [prɑ́(:)fət]	→			图 利益
0526 **influence** [ínfluəns]	→			图 影響
0527 **tradition** [trədíʃən]	→			图 伝統，伝承
0528 **purpose** [pɔ́:rpəs]	→			图 目的，決意
0529 **consumer** [kənsjú:mər]	→			图 消費者
0530 **production** [prədʌ́kʃən]	→			图 生産，生産高，作品
0531 **audience** [ɔ́:diəns]	→			图 (集合的に)観衆，聴衆
0532 **cash** [kæʃ]	→			图 現金
0533 **emotion** [ɪmóʊʃən]	→			图 感情
0534 **growth** [groʊθ]	→			图 成長，発展，増加
0535 **range** [reɪndʒ]	→			图 範囲
0536 **impact** [ímpækt]	→			图 影響，衝撃
0537 **tournament** [túərnəmənt]	→			图 トーナメント， 選手権大会
0538 **emergency** [ɪmɔ́:rdʒənsi]	→			图 緊急(事態)
0539 **roommate** [rú:mmèɪt]	→			图 ルームメート，同室者
0540 **guard** [gɑːrd]	→			图 守衛，監視人

記憶から引き出す

意味	ID	単語を書こう
動 を閉じ込める，をわなで捕らえる	0521	
名 影響	0526	
名 ルームメート，同室者	0539	
名 利益	0525	
名 (集合的に)観衆，聴衆	0531	
動 から奪う	0522	
名 緊急(事態)	0538	
名 感情	0533	
名 生産，生産高，作品	0530	
名 守衛，監視人	0540	

意味	ID	単語を書こう
名 成長，発展，増加	0534	
名 目的，決意	0528	
名 影響，衝撃	0536	
名 トーナメント，選手権大会	0537	
動 を分析する	0523	
名 伝統，伝承	0527	
名 選択	0524	
名 範囲	0535	
名 消費者	0529	
名 現金	0532	

Unit 26の復習テスト

わからないときは前Unitで確認しましょう。

意味	ID	単語を書こう
動 を訂正する	0511	
動 を曲げる，曲がる	0505	
動 をこぼす，こぼれる	0514	
動 にカギをかける	0518	
動 を達成する，を成し遂げる	0507	
動 を感心させる，に(良い)印象を与える	0509	
動 横になる，置いてある，ある	0517	
動 を折る，を畳む	0510	
動 呼吸する	0516	
動 (食品・原料など)を加工処理する	0520	

意味	ID	単語を書こう
動 わかる，を証明する	0506	
動 を強調する	0513	
動 回る，を回す	0519	
動 を観察する，(法など)を守る	0503	
動 返事をする，応じる	0512	
動 (会合の日時など)を取り決める，を整える，準備をする	0502	
動 を交換する，をスイッチで切り替える	0504	
動 を選ぶ	0501	
動 を移す，乗り換える	0508	
動 を当惑させる，を混同する	0515	

学習日　　　月　　　日

単語	1回目	2回目	3回目	意味
0541 **rate** [reɪt]	→			图 速度，割合，率
0542 **lack** [læk]	→			图 不足，欠如
0543 **expense** [ɪkspéns]	→			图 費用
0544 **step** [step]	→			图 1段階，1歩， （階段などの）段
0545 **pattern** [pǽʈərn]	→			图 パターン，様式，模様
0546 **shelf** [ʃelf]	→			图 棚
0547 **jewelry** [dʒúːəlri]	→			图 宝石類
0548 **childhood** [tʃáɪldhʊ̀d]	→			图 子どものころ
0549 **pamphlet** [pǽmflət]	→			图 パンフレット，小冊子
0550 **assistant** [əsístənt]	→			图 助手，アシスタント
0551 **section** [sékʃən]	→			图 区画，一部分，部門
0552 **politician** [pὰ(ː)lətíʃən]	→			图 政治家
0553 **shark** [ʃɑːrk]	→			图 サメ
0554 **conclusion** [kənklúːʒən]	→			图 結論
0555 **document** [dά(ː)kjumənt]	→			图 文書，記録
0556 **loss** [lɔ(ː)s]	→			图 損失
0557 **application** [æ̀plɪkéɪʃən]	→			图 申し込み， アプリケーション
0558 **shortage** [ʃɔ́ːrʈɪdʒ]	→			图 不足
0559 **password** [pǽswὰːrd]	→			图 パスワード
0560 **co-worker** [kóʊwὰːrkər]	→			图 同僚

� 記憶から引き出す

意　味	ID	単語を書こう	意　味	ID	単語を書こう
图 1段階，1歩，（階段などの）段	0544		图 棚	0546	
图 区画，一部分，部門	0551		图 パンフレット，小冊子	0549	
图 速度，割合，率	0541		图 費用	0543	
图 政治家	0552		图 文書，記録	0555	
图 宝石類	0547		图 パスワード	0559	
图 不足	0558		图 不足，欠如	0542	
图 助手，アシスタント	0550		图 同僚	0560	
图 パターン，様式，模様	0545		图 結論	0554	
图 子どものころ	0548		图 申し込み，アプリケーション	0557	
图 サメ	0553		图 損失	0556	

単語編

でる度
B
↓
0541
〜
0560

✖ Unit 27の復習テスト　わからないときは前Unitで確認しましょう。

意　味	ID	単語を書こう	意　味	ID	単語を書こう
图 感情	0533		图 範囲	0535	
動 を分析する	0523		图 (集合的に) 観衆，聴衆	0531	
图 トーナメント，選手権大会	0537		图 成長，発展，増加	0534	
動 から奪う	0522		图 緊急 (事態)	0538	
图 消費者	0529		图 影響	0526	
图 利益	0525		图 守衛，監視人	0540	
图 伝統，伝承	0527		图 現金	0532	
图 影響，衝撃	0536		图 生産，生産高，作品	0530	
動 を閉じ込める，をわなで捕らえる	0521		图 ルームメート，同室者	0539	
图 目的，決意	0528		图 選択	0524	

学習日　　　月　　　日

単語	1回目	2回目	3回目	意　味
0561 **screen** [skriːn]	→			名 画面，スクリーン
0562 **code** [koʊd]	→			名 暗号，コード
0563 **pain** [peɪn]	→			名 痛み，苦悩，骨折り
0564 **reality** [riǽləti]	→			名 現実
0565 **exhibit** [ɪɡzíbət]	→			名 展示品，展示会
0566 **programmer** [próʊɡræmər]	→			名 プログラマー
0567 **signal** [síɡnəl]	→			名 信号，合図
0568 **instinct** [ínstɪŋkt]	→			名 本能
0569 **army** [ɑ́ːrmi]	→			名 陸軍，軍隊
0570 **route** [ruːt]	→			名 (一定の規則的な) 道，手段
0571 **bubble** [bʌ́bl]	→			名 泡
0572 **banking** [bǽŋkɪŋ]	→			名 銀行業，銀行業務
0573 **label** [léɪbəl]	→			名 ラベル，札
0574 **dinosaur** [dáɪnəsɔːr]	→			名 恐竜
0575 **terrible** [térəbl]	→			形 ひどい，つらい
0576 **boring** [bɔ́ːrɪŋ]	→			形 退屈な
0577 **due** [djuː]	→			形 期限が来て， (be due to do で) ～する予定である
0578 **exact** [ɪɡzækt]	→			形 正確な
0579 **high-quality** [hàɪkwá(ː)ləti]	→			形 高品質の
0580 **tiny** [táɪni]	→			形 わずかな， とても小さな

記憶から引き出す

意味	ID	単語を書こう
名 ラベル，札	0573	
名 (一定の規則的な)道，手段	0570	
名 信号，合図	0567	
名 陸軍，軍隊	0569	
名 画面，スクリーン	0561	
名 プログラマー	0566	
形 ひどい，つらい	0575	
名 展示品，展示会	0565	
名 銀行業，銀行業務	0572	
形 退屈な	0576	

意味	ID	単語を書こう
名 痛み，苦悩，骨折り	0563	
名 泡	0571	
名 本能	0568	
名 暗号，コード	0562	
形 正確な	0578	
形 わずかな，とても小さな	0580	
名 恐竜	0574	
形 期限が来て，(be ___ to *do*で)～する予定である	0577	
形 高品質の	0579	
名 現実	0564	

Unit 28の復習テスト

わからないときは前Unitで確認しましょう。

意味	ID	単語を書こう
名 サメ	0553	
名 文書，記録	0555	
名 子どものころ	0548	
名 不足，欠如	0542	
名 パターン，様式，模様	0545	
名 速度，割合，率	0541	
名 損失	0556	
名 1段階，1歩，(階段などの)段	0544	
名 パンフレット，小冊子	0549	
名 棚	0546	

意味	ID	単語を書こう
名 政治家	0552	
名 結論	0554	
名 パスワード	0559	
名 申し込み，アプリケーション	0557	
名 同僚	0560	
名 助手，アシスタント	0550	
名 宝石類	0547	
名 区画，一部分，部門	0551	
名 費用	0543	
名 不足	0558	

学習日　　　月　　　日

単語	1回目	2回目	3回目	意味
0581 **senior** [síːnjər]	→			形 上位の，年長の，先輩の
0582 **unusual** [ʌnjúːʒuəl]	→			形 普通でない，珍しい
0583 **mysterious** [mɪstíəriəs]	→			形 神秘的な，秘密の
0584 **unhealthy** [ʌnhélθi]	→			形 不健康な
0585 **specific** [spəsífɪk]	→			形 特定の，具体的な
0586 **accurate** [ǽkjərət]	→			形 正確な
0587 **poisonous** [pɔ́ɪzənəs]	→			形 有毒な
0588 **mental** [méntəl]	→			形 精神の，心の
0589 **exactly** [ɪgzǽktli]	→			副 まさに，正確に
0590 **naturally** [nǽtʃərəli]	→			副 自然に，生まれつき
0591 **normally** [nɔ́ːrməli]	→			副 通常は，いつもは
0592 **generally** [dʒénərəli]	→			副 一般に，たいてい
0593 **nevertheless** [nèvərðəlés]	→			副 それにもかかわらず
0594 **entirely** [ɪntáɪərli]	→			副 完全に，全く
0595 **efficiently** [ɪfíʃəntli]	→			副 能率的に
0596 **meanwhile** [míːnhwàɪl]	→			副 その間(に)，一方
0597 **accidentally** [æksɪdéntəli]	→			副 誤って，偶然に
0598 **locally** [lóukəli]	→			副 地元で，ある地方で
0599 **unlike** [ʌnláɪk]	→			前 ～とは違って
0600 **within** [wɪðín]	→			前 ～以内に

�֍ 記憶から引き出す

意　味	ID	単語を書こう	意　味	ID	単語を書こう
前 ～とは違って	0599		副 まさに，正確に	0589	
副 完全に，全く	0594		副 その間（に），一方	0596	
副 地元で，ある地方で	0598		形 精神の，心の	0588	
前 ～以内に	0600		形 神秘的な，秘密の	0583	
副 通常は，いつもは	0591		副 一般に，たいてい	0592	
副 誤って，偶然に	0597		形 不健康な	0584	
形 上位の，年長の，先輩の	0581		副 それにもかかわらず	0593	
形 特定の，具体的な	0585		副 能率的に	0595	
形 有毒な	0587		副 自然に，生まれつき	0590	
形 普通でない，珍しい	0582		形 正確な	0586	

単語編

でる度
B
↓
0581
〜
0600

✖ **Unit 29**の復習テスト ▶ わからないときは前**Unit**で確認しましょう。

意　味	ID	単語を書こう	意　味	ID	単語を書こう
形 高品質の	0579		名 信号，合図	0567	
名 （一定の規則的な）道，手段	0570		名 ラベル，札	0573	
名 銀行業，銀行業務	0572		名 画面，スクリーン	0561	
名 プログラマー	0566		名 現実	0564	
形 ひどい，つらい	0575		名 本能	0568	
名 陸軍，軍隊	0569		形 正確な	0578	
形 退屈な	0576		形 わずかな，とても小さな	0580	
名 恐竜	0574		名 痛み，苦悩，骨折り	0563	
形 期限が来て，（be ___ to *do*で）～する予定である	0577		名 展示品，展示会	0565	
名 泡	0571		名 暗号，コード	0562	

学習日　　　月　　　日

単語	1回目	2回目	3回目	意味
0601 note [noʊt]	→			動 に注意する，を書き留める，に言及する
0602 bury [béri]	→	↓		動 を埋める，を埋葬する
0603 bother [bá(:)ðər]	→	↓		動 を悩ます，に迷惑をかける
0604 weigh [weɪ]	→	↓		動 の重さがある，の重さを量る
0605 sort [sɔːrt]	→	↓		動 を分類する，を選び出す
0606 freeze [friːz]	→	↓		動 凍る，を凍らせる
0607 update [ʌpdéɪt]	→	↓		動 をアップデートする，を最新のものに更新する
0608 stretch [stretʃ]	→	↓		動 を伸ばす，伸びる，広がっている
0609 display [dɪspléɪ]	→	↓		動 を展示する，を見せる
0610 pour [pɔːr]	→	↓		動 を注ぐ，を放出する
0611 judge [dʒʌdʒ]	→	↓		動 (を)審査する，(を)判断する，(を)裁く
0612 roast [roʊst]	→	↓		動 を炒る，を焼く
0613 supply [səpláɪ]	→	↓		動 を供給する
0614 survive [sərváɪv]	→	↓		動 存在し続ける，生き残る
0615 lift [lɪft]	→	↓		動 を持ち上げる，を高める
0616 apologize [əpá(:)lədʒàɪz]	→	↓		動 謝る
0617 obtain [əbtéɪn]	→	↓		動 を得る，を獲得する
0618 associate [əsóʊʃièɪt]	→	↓		動 を結び付けて考える
0619 advance [ədvǽns]	→	↓		動 を促進する，を前へ進める
0620 progress [prəgrés]	→	↓		動 進歩[向上]する

✖ 記憶から引き出す

意 味	ID	単語を書こう
動 を展示する，を見せる	0609	
動 謝る	0616	
動 の重さがある， の重さを量る	0604	
動 を得る，を獲得する	0617	
動 (を)審査する，(を)判断 する，(を)裁く	0611	
動 を促進する， を前へ進める	0619	
動 を分類する，を選び出す	0605	
動 を炒る，を焼く	0612	
動 を結び付けて考える	0618	
動 を持ち上げる，を高める	0615	

意 味	ID	単語を書こう
動 を伸ばす，伸びる， 広がっている	0608	
動 に注意する，を書き留め る，に言及する	0601	
動 凍る，を凍らせる	0606	
動 を注ぐ，を放出する	0610	
動 をアップデートする， を最新のものに更新する	0607	
動 を悩ます， に迷惑をかける	0603	
動 存在し続ける，生き残る	0614	
動 進歩 [向上] する	0620	
動 を埋める，を埋葬する	0602	
動 を供給する	0613	

✖ Unit 30 の復習テスト ▸ わからないときは前 Unit で確認しましょう。

意 味	ID	単語を書こう
副 誤って，偶然に	0597	
副 能率的に	0595	
副 地元で，ある地方で	0598	
副 完全に，全く	0594	
形 正確な	0586	
副 それにもかかわらず	0593	
前 〜とは違って	0599	
形 普通でない，珍しい	0582	
副 通常は，いつもは	0591	
形 上位の，年長の，先輩の	0581	

意 味	ID	単語を書こう
形 特定の，具体的な	0585	
形 神秘的な，秘密の	0583	
副 その間(に)，一方	0596	
形 精神の，心の	0588	
前 〜以内に	0600	
副 まさに，正確に	0589	
副 一般に，たいてい	0592	
副 自然に，生まれつき	0590	
形 有毒な	0587	
形 不健康な	0584	

学習日　　　月　　　日

単語	♪ 1回目	◉ 2回目	◉ 3回目	意味
0621 doubt [daʊt]	→			動 を疑う
0622 invest [ɪnvést]	→			動 (を)投資する
0623 evolve [ɪvá(:)lv]	→			動 進化する，発展[進展]する
0624 represent [rèprɪzént]	→			動 を代表する，を表す
0625 adapt [ədǽpt]	→			動 を適応[適合]させる
0626 shock [ʃɑ(:)k]	→			動 に衝撃を与える
0627 strengthen [stréŋkθən]	→			動 を強くする
0628 consist [kənsíst]	→			動 成り立っている
0629 react [riǽkt]	→			動 反応する，反発する
0630 insert [ɪnsə́ːrt]	→			動 を挿入する
0631 favor [féɪvər]	→			名 親切な行為，好意
0632 inconvenience [ìnkənvíːniəns]	→			名 不便(さ)
0633 poverty [pá(:)vərti]	→			名 貧困
0634 fund [fʌnd]	→			名 資金，基金
0635 aspect [ǽspèkt]	→			名 局面，側面，見方
0636 means [miːnz]	→			名 手段
0637 theory [θíːəri]	→			名 仮説，理論
0638 strength [streŋkθ]	→			名 力，強さ
0639 collection [kəlékʃən]	→			名 収蔵品，コレクション，収集
0640 position [pəzíʃən]	→			名 職，位置，立場

❊ 記憶から引き出す

意　味	ID	単語を書こう
图 貧困	0633	
動 反応する，反発する	0629	
图 収蔵品，コレクション，収集	0639	
图 仮説，理論	0637	
動 を代表する，を表す	0624	
動 を挿入する	0630	
图 資金，基金	0634	
图 親切な行為，好意	0631	
動 を適応 [適合] させる	0625	
動 (を)投資する	0622	

意　味	ID	単語を書こう
图 職，位置，立場	0640	
動 を疑う	0621	
图 不便(さ)	0632	
图 力，強さ	0638	
動 を強くする	0627	
图 手段	0636	
動 に衝撃を与える	0626	
图 局面，側面，見方	0635	
動 進化する，発展 [進展] する	0623	
動 成り立っている	0628	

❊ Unit 31の復習テスト　わからないときは前Unitで確認しましょう。

意　味	ID	単語を書こう
動 をアップデートする，を最新のものに更新する	0607	
動 を供給する	0613	
動 凍る，を凍らせる	0606	
動 を得る，を獲得する	0617	
動 を展示する，を見せる	0609	
動 を結び付けて考える	0618	
動 を伸ばす，伸びる，広がっている	0608	
動 を炒る，を焼く	0612	
動 を促進する，を前へ進める	0619	
動 の重さがある，の重さを量る	0604	

意　味	ID	単語を書こう
動 (を)審査する，(を)判断する，(を)裁く	0611	
動 を悩ます，に迷惑をかける	0603	
動 を分類する，を選び出す	0605	
動 を注ぐ，を放出する	0610	
動 謝る	0616	
動 進歩 [向上] する	0620	
動 を持ち上げる，を高める	0615	
動 に注意する，を書き留める，に言及する	0601	
動 存在し続ける，生き残る	0614	
動 を埋める，を埋葬する	0602	

学習日　　　　月　　　日

単語	1回目	2回目	3回目	意味
0641 **factor** [fǽktər]	→			图 要因，要素
0642 **structure** [strʌ́ktʃər]	→			图 構造，建造物
0643 **destination** [dèstɪnéɪʃən]	→			图 目的地
0644 **combination** [kà(:)mbɪnéɪʃən]	→			图 組み合わせ，結合
0645 **connection** [kənékʃən]	→			图 接続，関係
0646 **link** [lɪŋk]	→			图 つながり，関連
0647 **council** [káʊnsəl]	→			图 会議，（地方自治体の）議会，評議会
0648 **vegetarian** [vèdʒətéəriən]	→			图 ベジタリアン，菜食主義者
0649 **laboratory** [lǽbərətɔ̀:ri]	→			图 研究室，実験室
0650 **navy** [néɪvi]	→			图 海軍
0651 **publisher** [pʌ́blɪʃər]	→			图 出版社
0652 **lamp** [læmp]	→			图 ランプ，電気スタンド
0653 **championship** [tʃǽmpjənʃɪp]	→			图 選手権（大会）
0654 **tutor** [tjú:ʈər]	→			图 家庭教師
0655 **insurance** [ɪnʃʊ́ərəns]	→			图 保険
0656 **court** [kɔ:rt]	→			图 （テニスなどの）コート，裁判所，裁判
0657 **counter** [káʊnʈər]	→			图 カウンター
0658 **orchestra** [ɔ́:rkɪstrə]	→			图 オーケストラ
0659 **handwriting** [hǽndràɪʈɪŋ]	→			图 手書き，筆跡
0660 **sight** [saɪt]	→			图 視力，見ること，視野，光景

� 記憶から引き出す

意 味	ID	単語を書こう	意 味	ID	単語を書こう
名 家庭教師	0654		名 要因，要素	0641	
名 出版社	0651		名 オーケストラ	0658	
名 ベジタリアン，菜食主義者	0648		名 海軍	0650	
名 保険	0655		名 選手権（大会）	0653	
名 視力，見ること，視野，光景	0660		名 目的地	0643	
名 構造，建造物	0642		名 研究室，実験室	0649	
名 （テニスなどの）コート，裁判所，裁判	0656		名 会議，（地方自治体の）議会，評議会	0647	
名 つながり，関連	0646		名 カウンター	0657	
名 組み合わせ，結合	0644		名 手書き，筆跡	0659	
名 ランプ，電気スタンド	0652		名 接続，関係	0645	

単語編

でる度
B
↓
0641
〜
0660

✖ Unit 32の復習テスト   わからないときは前Unitで確認しましょう。

意 味	ID	単語を書こう	意 味	ID	単語を書こう
名 親切な行為，好意	0631		動 反応する，反発する	0629	
動 を代表する，を表す	0624		名 手段	0636	
動 を疑う	0621		動 成り立っている	0628	
名 仮説，理論	0637		名 不便（さ）	0632	
動 （を）投資する	0622		動 を強くする	0627	
名 貧困	0633		名 力，強さ	0638	
動 進化する，発展[進展]する	0623		名 職，位置，立場	0640	
名 資金，基金	0634		動 に衝撃を与える	0626	
名 収蔵品，コレクション，収集	0639		動 を挿入する	0630	
名 局面，側面，見方	0635		動 を適応[適合]させる	0625	

学習日　　　月　　　日

単語	1回目	2回目	3回目	意 味
0661 **title** [táɪtl]	→			图 題名，タイトル
0662 **avenue** [ǽvənjùː]	→			图 大通り，街路
0663 **billion** [bíljən]	→			图 10億， （～s）ばく大な数
0664 **habit** [hǽbɪt]	→			图 （個人的な）習慣，癖
0665 **cycle** [sáɪkl]	→			图 周期，サイクル
0666 **container** [kəntéɪnər]	→			图 容器，入れ物
0667 **breath** [breθ]	→			图 息，呼吸
0668 **entry** [éntri]	→			图 入る権利，入場，入学
0669 **jam** [dʒæm]	→			图 混雑，渋滞， （機械の）故障
0670 **drug** [drʌg]	→			图 薬，（～s）麻薬
0671 **youth** [juːθ]	→			图 青年時代，青年期
0672 **mineral** [mínərəl]	→			图 鉱物，ミネラル
0673 **requirement** [rɪkwáɪərmənt]	→			图 必要条件，資格
0674 **league** [liːg]	→			图 リーグ，競技連盟
0675 **content** [kά(ː)ntent]	→			图 （通例～s）中身，内容
0676 **anxiety** [æŋzáɪəti]	→			图 不安，心配
0677 **false** [fɔːls]	→			形 間違った，不誠実な
0678 **artificial** [ὰːrtɪfíʃəl]	→			形 人工の，不自然な
0679 **unique** [juníːk]	→			形 唯一の，独特の
0680 **thin** [θɪn]	→			形 薄い，やせた

✤ 記憶から引き出す

意 味	ID	単語を書こう
形 唯一の，独特の	0679	
名 青年時代，青年期	0671	
名 リーグ，競技連盟	0674	
名 容器，入れ物	0666	
名 (通例 ~s)中身，内容	0675	
名 入る権利，入場，入学	0668	
名 鉱物，ミネラル	0672	
名 薬，(~s)麻薬	0670	
名 周期，サイクル	0665	
形 薄い，やせた	0680	

意 味	ID	単語を書こう
名 10億，(~s)ばく大な数	0663	
名 不安，心配	0676	
名 題名，タイトル	0661	
名 必要条件，資格	0673	
形 人工の，不自然な	0678	
名 混雑，渋滞，(機械の)故障	0669	
名 息，呼吸	0667	
形 間違った，不誠実な	0677	
名 (個人的な)習慣，癖	0664	
名 大通り，街路	0662	

単語編

でる度
B
↓
0661
~
0680

✤ Unit 33の復習テスト　〉わからないときは前Unitで確認しましょう。

意 味	ID	単語を書こう
名 要因，要素	0641	
名 目的地	0643	
名 会議，(地方自治体の)議会，評議会	0647	
名 カウンター	0657	
名 接続，関係	0645	
名 オーケストラ	0658	
名 海軍	0650	
名 (テニスなどの)コート，裁判所，裁判	0656	
名 研究室，実験室	0649	
名 保険	0655	

意 味	ID	単語を書こう
名 ランプ，電気スタンド	0652	
名 手書き，筆跡	0659	
名 選手権(大会)	0653	
名 つながり，関連	0646	
名 視力，見ること，視野，光景	0660	
名 出版社	0651	
名 構造，建造物	0642	
名 家庭教師	0654	
名 ベジタリアン，菜食主義者	0648	
名 組み合わせ，結合	0644	

単語	1回目	2回目	3回目	意 味
0681 long-term [lɔ̀(:)ŋtə́:rm]	→			形 長期の
0682 historic [hɪstɔ́(:)rɪk]	→			形 歴史上有名な
0683 tough [tʌf]	→			形 困難な，たくましい
0684 actual [ǽktʃuəl]	→			形 実際の，本当の
0685 cultural [kʌ́ltʃərəl]	→			形 文化の，文化的な
0686 latest [léɪtɪst]	→			形 (the ～)最新の，最近の
0687 constant [ká(:)nstənt]	→			形 絶えず続く，不変の
0688 nearly [níərli]	→			副 ほとんど，もう少しで～するところで
0689 poorly [púərli]	→			副 下手に，不十分に，貧しく
0690 simply [símpli]	→			副 単に，簡単に
0691 mainly [méɪnli]	→			副 主に，概して
0692 rarely [réərli]	→			副 めったに～ない
0693 correctly [kəréktli]	→			副 正しく，正確に
0694 shortly [ʃɔ́:rtli]	→			副 まもなく，すぐに
0695 afterwards [ǽftərwərdz]	→			副 その後，後で
0696 currently [kə́:rəntli]	→			副 現在
0697 extremely [ɪkstrí:mli]	→			副 極めて
0698 healthily [hélθɪli]	→			副 健康的に
0699 besides [bɪsáɪdz]	→			副 その上
0700 except [ɪksépt]	→			前 ～を除いては

❈ 記憶から引き出す

意味	ID	単語を書こう	意味	ID	単語を書こう
形 絶えず続く，不変の	0687		副 健康的に	0698	
副 現在	0696		形 歴史上有名な	0682	
副 その上	0699		形 (the ~)最新の，最近の	0686	
副 極めて	0697		副 主に，概して	0691	
形 実際の，本当の	0684		副 その後，後で	0695	
副 ほとんど，もう少しで~するところで	0688		副 正しく，正確に	0693	
形 長期の	0681		形 文化の，文化的な	0685	
副 単に，簡単に	0690		形 困難な，たくましい	0683	
前 ~を除いては	0700		副 下手に，不十分に，貧しく	0689	
副 めったに~ない	0692		副 まもなく，すぐに	0694	

❈ Unit 34の復習テスト　わからないときは前Unitで確認しましょう。

意味	ID	単語を書こう	意味	ID	単語を書こう
名 周期，サイクル	0665		形 薄い，やせた	0680	
名 鉱物，ミネラル	0672		名 (通例 ~s)中身，内容	0675	
名 リーグ，競技連盟	0674		名 (個人的な)習慣，癖	0664	
名 題名，タイトル	0661		名 不安，心配	0676	
形 間違った，不誠実な	0677		名 混雑，渋滞，(機械の)故障	0669	
名 入る権利，入場，入学	0668		名 10億，(~s)ばく大な数	0663	
名 大通り，街路	0662		形 唯一の，独特の	0679	
名 必要条件，資格	0673		名 息，呼吸	0667	
名 薬，(~s)麻薬	0670		名 青年時代，青年期	0671	
名 容器，入れ物	0666		形 人工の，不自然な	0678	

でる度 **B**

↓

0681
~
0700

学習日　　　月　　　日

単語	1回目	2回目	3回目	意味
0701 **matter** [mǽtər]	→		↓	動 重大である，問題となる
0702 **recover** [rɪkʌ́vər]	→		↓	動 回復する，を取り戻す
0703 **surround** [səráʊnd]	→		↓	動 を囲む
0704 **succeed** [səksíːd]	→		↓	動 成功する，（を）継ぐ
0705 **repeat** [rɪpíːt]	→		↓	動 を繰り返す，復唱する
0706 **adjust** [ədʒʌ́st]	→		↓	動 を調節する，順応する
0707 **migrate** [máɪɡreɪt]	→		↓	動 （鳥・魚が）渡る，移住する
0708 **digest** [daɪdʒést]	→		↓	動 を消化する
0709 **reset** [rìːsét]	→		↓	動 を再設定する，を初期状態に戻す
0710 **renew** [rɪnjúː]	→		↓	動 を更新する，を再び始める
0711 **maintain** [meɪntéɪn]	→		↓	動 を維持する
0712 **memorize** [méməràɪz]	→		↓	動 を記憶[暗記]する
0713 **debate** [dɪbéɪt]	→		↓	動 討論する
0714 **flow** [floʊ]	→		↓	動 （液体や空気が）流れる
0715 **determine** [dɪtə́ːrmɪn]	→		↓	動 を決定[決心]する，を正確に知る
0716 **struggle** [strʌ́ɡl]	→		↓	動 奮闘する
0717 **refund** [rɪfʌ́nd]	→		↓	動 を払い戻す
0718 **qualify** [kwá(ː)lɪfàɪ]	→		↓	動 に資格を与える
0719 **motivate** [móʊṭəvèɪt]	→		↓	動 にやる気を起こさせる，に動機を与える
0720 **convert** [kənvə́ːrt]	→			動 を変える

✖ 記憶から引き出す

意 味	ID	単語を書こう
動 を記憶 [暗記] する	0712	
動 を囲む	0703	
動 を決定 [決心] する，を正確に知る	0715	
動 討論する	0713	
動 を更新する，を再び始める	0710	
動 を調節する，順応する	0706	
動 を払い戻す	0717	
動 (鳥・魚が) 渡る，移住する	0707	
動 重大である，問題となる	0701	
動 にやる気を起こさせる，に動機を与える	0719	

意 味	ID	単語を書こう
動 を繰り返す，復唱する	0705	
動 奮闘する	0716	
動 成功する，(を)継ぐ	0704	
動 (液体や空気が) 流れる	0714	
動 を再設定する，を初期状態に戻す	0709	
動 に資格を与える	0718	
動 回復する，を取り戻す	0702	
動 を消化する	0708	
動 を維持する	0711	
動 を変える	0720	

単語編

でる度
B
↓
0701
〜
0720

✖ Unit 35 の復習テスト　わからないときは前Unitで確認しましょう。

意 味	ID	単語を書こう
副 ほとんど，もう少しで〜するところで	0688	
副 まもなく，すぐに	0694	
副 極めて	0697	
副 その後，後で	0695	
形 (the 〜)最新の，最近の	0686	
形 歴史上有名な	0682	
副 主に，概して	0691	
副 正しく，正確に	0693	
形 困難な，たくましい	0683	
副 めったに〜ない	0692	

意 味	ID	単語を書こう
副 下手に，不十分に，貧しく	0689	
副 その上	0699	
副 単に，簡単に	0690	
前 〜を除いては	0700	
形 実際の，本当の	0684	
副 健康的に	0698	
形 長期の	0681	
形 文化の，文化的な	0685	
副 現在	0696	
形 絶えず続く，不変の	0687	

学習日　　　　　　月　　　日

単　語	1回目	2回目	3回目	意　味
0721 **satisfy** [sǽţɪsfàɪ]	→			動 (条件)を満たす， を満足させる
0722 **flood** [flʌd]	→			動 を水浸しにする， 氾濫する
0723 **calculate** [kǽlkjulèɪt]	→			動 を計算する
0724 **chase** [tʃeɪs]	→			動 を追いかける
0725 **stare** [steər]	→			動 (を)じっと見る
0726 **sail** [seɪl]	→			動 出航する， 航海[航行]する
0727 **expectation** [èkspektéɪʃən]	→			名 予想，期待，見込み
0728 **layer** [léɪər]	→			名 層
0729 **powder** [páʊdər]	→			名 粉
0730 **traveler** [trǽvələr]	→			名 旅行者
0731 **steel** [sti:l]	→			名 鋼鉄
0732 **journey** [dʒə́:rni]	→			名 旅，旅行
0733 **nation** [néɪʃən]	→			名 国家，(the ~)国民
0734 **essay** [éseɪ]	→			名 小論文，随筆
0735 **diet** [dáɪət]	→			名 ダイエット， (日常の)食事
0736 **task** [tæsk]	→			名 (課せられた)仕事， 任務
0737 **enemy** [énəmi]	→			名 敵
0738 **receipt** [rɪsí:t]	→			名 領収書，レシート
0739 **surgery** [sə́:rdʒəri]	→			名 手術，外科
0740 **childcare** [tʃáɪldkèər]	→			名 育児，子育て

✖ 記憶から引き出す

意 味	ID	単語を書こう	意 味	ID	単語を書こう
動 を水浸しにする，氾濫する	0722		名 国家，(the ~)国民	0733	
動 出航する，航海[航行]する	0726		名 (課せられた)仕事，任務	0736	
名 小論文，随筆	0734		動 を追いかける	0724	
名 旅，旅行	0732		名 層	0728	
名 育児，子育て	0740		名 ダイエット，(日常の)食事	0735	
名 予想，期待，見込み	0727		名 旅行者	0730	
名 手術，外科	0739		名 敵	0737	
動 を計算する	0723		動 (を)じっと見る	0725	
名 領収書，レシート	0738		名 鋼鉄	0731	
動 (条件)を満たす，を満足させる	0721		名 粉	0729	

✖ Unit 36の復習テスト ▶ わからないときは前Unitで確認しましょう。

意 味	ID	単語を書こう	意 味	ID	単語を書こう
動 成功する，(を)継ぐ	0704		動 (液体や空気が)流れる	0714	
動 奮闘する	0716		動 を変える	0720	
動 討論する	0713		動 を調節する，順応する	0706	
動 を決定[決心]する，を正確に知る	0715		動 重大である，問題となる	0701	
動 を更新する，を再び始める	0710		動 を払い戻す	0717	
動 を囲む	0703		動 を維持する	0711	
動 に資格を与える	0718		動 を繰り返す，復唱する	0705	
動 を再設定する，を初期状態に戻す	0709		動 を消化する	0708	
動 にやる気を起こさせる，に動機を与える	0719		動 を記憶[暗記]する	0712	
動 回復する，を取り戻す	0702		動 (鳥・魚が)渡る，移住する	0707	

学習日　　　月　　　日

単語	1回目	2回目	3回目	意　味
0741 **threat** [θret]	→			图 脅威，脅迫
0742 **error** [érər]	→			图 誤り，間違い
0743 **flexibility** [flèksəbíləti]	→			图 柔軟性
0744 **lifetime** [láɪftàɪm]	→			图 一生
0745 **mess** [mes]	→			图 取り散らかしたもの，混乱
0746 **function** [fʌ́ŋkʃən]	→			图 機能，職務
0747 **gender** [dʒéndər]	→			图 性別
0748 **household** [háʊshòʊld]	→			图 家族，世帯
0749 **vaccine** [væksíːn]	→			图 ワクチン
0750 **calculation** [kæ̀lkjuléɪʃən]	→			图 計算
0751 **user** [júːzər]	→			图 利用者，使用者，ユーザー
0752 **liquid** [líkwɪd]	→			图 液体
0753 **manufacturer** [mæ̀njufǽktʃərər]	→			图 製造業者，メーカー
0754 **satellite** [sǽtəlàɪt]	→			图 衛星，人工衛星
0755 **civilization** [sìvələzéɪʃən]	→			图 文明，文明化
0756 **feeling** [fíːlɪŋ]	→			图 感情，気持ち
0757 **risk** [rɪsk]	→			图 リスク，危険(性)
0758 **workplace** [wɔ́ːrkplèɪs]	→			图 職場
0759 **behavior** [bɪhéɪvjər]	→			图 行動，態度
0760 **graph** [græf]	→			图 グラフ

❇ 記憶から引き出す

単語編 / でる度 B / 0741〜0760

意味	ID	単語を書こう	意味	ID	単語を書こう
名 機能，職務	0746		名 ワクチン	0749	
名 職場	0758		名 製造業者，メーカー	0753	
名 一生	0744		名 計算	0750	
名 行動，態度	0759		名 衛星，人工衛星	0754	
名 性別	0747		名 柔軟性	0743	
名 感情，気持ち	0756		名 液体	0752	
名 グラフ	0760		名 リスク，危険（性）	0757	
名 誤り，間違い	0742		名 脅威，脅迫	0741	
名 取り散らかしたもの，混乱	0745		名 家族，世帯	0748	
名 利用者，使用者，ユーザー	0751		名 文明，文明化	0755	

❇ Unit 37の復習テスト ▶ わからないときは前Unitで確認しましょう。

意味	ID	単語を書こう	意味	ID	単語を書こう
名 手術，外科	0739		名 ダイエット，（日常の）食事	0735	
名 (課せられた)仕事，任務	0736		動 を水浸しにする，氾濫する	0722	
動 (を)じっと見る	0725		名 鋼鉄	0731	
動 を計算する	0723		動 出航する，航海[航行]する	0726	
名 粉	0729		名 育児，子育て	0740	
動 (条件)を満たす，を満足させる	0721		名 旅，旅行	0732	
名 国家，(the ~)国民	0733		名 旅行者	0730	
名 領収書，レシート	0738		名 層	0728	
名 小論文，随筆	0734		名 敵	0737	
動 を追いかける	0724		名 予想，期待，見込み	0727	

学習日　　月　　日

単 語	1回目	2回目	3回目	意 味
0761 **luxury** [lʌ́gʒəri]	→			图 ぜいたく（品）
0762 **newsletter** [njúːzlètər]	→			图 会報，ニュースレター
0763 **ray** [reɪ]	→			图 （～s）光線
0764 **anniversary** [æ̀nɪvə́ːrsəri]	→			图 記念日
0765 **partnership** [páːrtnərʃɪp]	→			图 提携，協力
0766 **aisle** [aɪl]	→			图 通路
0767 **session** [séʃən]	→			图 活動のための集まり，会期
0768 **cruise** [kruːz]	→			图 遊覧航海，巡航，クルーズ
0769 **microscope** [máɪkrəskòup]	→			图 顕微鏡
0770 **ecotourism** [ìːkoutúərɪzm]	→			图 エコツーリズム
0771 **rude** [ruːd]	→			形 失礼な
0772 **urban** [ə́ːrbən]	→			形 都会の
0773 **frozen** [fróuzən]	→			形 （食料品が）冷凍した
0774 **religious** [rɪlídʒəs]	→			形 宗教の
0775 **disabled** [dɪséɪbld]	→			形 身体［心身］障がいの
0776 **talented** [tǽləntɪd]	→			形 才能がある
0777 **anxious** [ǽŋkʃəs]	→			形 心配して
0778 **best-selling** [bèstsélɪŋ]	→			形 ベストセラーの
0779 **incorrect** [ìnkərékt]	→			形 間違った
0780 **stylish** [stáɪlɪʃ]	→			形 おしゃれな，流行の

記憶から引き出す

意味	ID	単語を書こう
名 通路	0766	
形 (食料品が)冷凍した	0773	
形 間違った	0779	
名 遊覧航海，巡航，クルーズ	0768	
形 ベストセラーの	0778	
名 ぜいたく(品)	0761	
名 活動のための集まり，会期	0767	
形 失礼な	0771	
形 才能がある	0776	
形 都会の	0772	

意味	ID	単語を書こう
名 会報，ニュースレター	0762	
形 身体[心身]障がいの	0775	
名 エコツーリズム	0770	
名 記念日	0764	
形 宗教の	0774	
形 おしゃれな，流行の	0780	
名 (～s)光線	0763	
名 顕微鏡	0769	
形 心配して	0777	
名 提携，協力	0765	

Unit 38の復習テスト

わからないときは前Unitで確認しましょう。

意味	ID	単語を書こう
名 文明，文明化	0755	
名 ワクチン	0749	
名 衛星，人工衛星	0754	
名 柔軟性	0743	
名 液体	0752	
名 グラフ	0760	
名 機能，職務	0746	
名 行動，態度	0759	
名 性別	0747	
名 計算	0750	

意味	ID	単語を書こう
名 誤り，間違い	0742	
名 感情，気持ち	0756	
名 製造業者，メーカー	0753	
名 脅威，脅迫	0741	
名 リスク，危険(性)	0757	
名 一生	0744	
名 職場	0758	
名 家族，世帯	0748	
名 取り散らかしたもの，混乱	0745	
名 利用者，使用者，ユーザー	0751	

学習日　　　月　　　日

単語	1回目	2回目	3回目	意味
0781 **financial** [fənǽnʃəl]	→			形 財政(上)の
0782 **enormous** [ɪnɔ́ːrməs]	→			形 ばく大な, 巨大な
0783 **temporary** [témpərèri]	→			形 一時的な
0784 **organic** [ɔːrgǽnɪk]	→			形 有機の, 有機体の
0785 **blind** [blaɪnd]	→			形 目の不自由な
0786 **dizzy** [dízi]	→			形 めまいがする
0787 **low-income** [lòʊínkʌm]	→			形 低収入の
0788 **perhaps** [pərhǽps]	→			副 もしかすると, おそらく
0789 **increasingly** [ɪnkríːsɪŋli]	→			副 ますます
0790 **particularly** [pərtíkjulərli]	→			副 特に, とりわけ
0791 **worldwide** [wə̀ːrldwáɪd]	→			副 世界中に [で], 世界的に
0792 **additionally** [ədíʃənəli]	→			副 またさらに, その上に
0793 **commonly** [ká(ː)mənli]	→			副 一般に
0794 **closely** [klóʊsli]	→			副 綿密に, 密接に
0795 **thus** [ðʌs]	→			副 従って, このように
0796 **overnight** [òʊvərnáɪt]	→			副 一晩中, 夜通し
0797 **fairly** [féərli]	→			副 公正に, まあまあ, かなり
0798 **relatively** [rélətɪvli]	→			副 比較的
0799 **wherever** [hweərévər]	→			接 どこで [へ] …しようとも, …するところはどこで [へ] も
0800 **whenever** [hwenévər]	→			接 …するときはいつも, たとえいつ…しても

❖ 記憶から引き出す

意 味	ID	単語を書こう	意 味	ID	単語を書こう
形 低収入の	0787		副 またさらに，その上に	0792	
形 有機の，有機体の	0784		接 …するときはいつも，たとえいつ…しても	0800	
副 世界中に[で]，世界的に	0791		副 公正に，まあまあ，かなり	0797	
副 綿密に，密接に	0794		副 ますます	0789	
形 めまいがする	0786		副 一晩中，夜通し	0796	
副 もしかすると，おそらく	0788		形 一時的な	0783	
形 ばく大な，巨大な	0782		接 どこで[へ]…しようとも，…するところはどこで[へ]も	0799	
副 特に，とりわけ	0790		形 財政(上)の	0781	
副 一般に	0793		形 目の不自由な	0785	
副 比較的	0798		副 従って，このように	0795	

❖ Unit 39の復習テスト　わからないときは前Unitで確認しましょう。

意 味	ID	単語を書こう	意 味	ID	単語を書こう
形 宗教の	0774		名 エコツーリズム	0770	
形 おしゃれな，流行の	0780		名 記念日	0764	
形 (食料品が)冷凍した	0773		名 顕微鏡	0769	
名 活動のための集まり，会期	0767		形 才能がある	0776	
形 間違った	0779		形 失礼な	0771	
形 心配して	0777		名 会報，ニュースレター	0762	
形 都会の	0772		名 通路	0766	
形 ベストセラーの	0778		形 身体[心身]障がいの	0775	
名 (〜s)光線	0763		名 ぜいたく(品)	0761	
名 遊覧航海，巡航，クルーズ	0768		名 提携，協力	0765	

学習日　　　　月　　　日

単語	🎧 1回目	👁 2回目	👁 3回目	意味
0801 **identify** [aɪdénṭəfàɪ]	→		↓	動 を特定する，を確認する
0802 **specialize** [spéʃəlàɪz]	→		↓	動 専門とする
0803 **sink** [sɪŋk]	→		↓	動 沈む，を沈める
0804 **commit** [kəmít]	→		↓	動 (罪など)を犯す，に義務を負わせる
0805 **threaten** [θréṭən]	→		↓	動 を脅す
0806 **monitor** [má(:)nəṭər]	→		↓	動 を監視する
0807 **unpack** [ʌnpǽk]	→		↓	動 (包みなど)を開けて中身を出す
0808 **enlarge** [ɪnlɑ́:rdʒ]	→		↓	動 を大きく[拡大]する
0809 **stir** [stə:r]	→		↓	動 (を)かき混ぜる，をかき乱す
0810 **postpone** [poʊstpóʊn]	→		↓	動 を延期する
0811 **witness** [wítnəs]	→		↓	動 を目撃する，を証明する，証言する
0812 **restore** [rɪstɔ́:r]	→		↓	動 を修復する，(秩序・健康など)を回復させる
0813 **express** [ɪksprés]	→		↓	動 (考えなど)を表現する，を示す
0814 **hide** [haɪd]	→		↓	動 隠れる，を隠す
0815 **announce** [ənáʊns]	→		↓	動 を公表する，を知らせる
0816 **compete** [kəmpí:t]	→		↓	動 競争する，匹敵する
0817 **retire** [rɪtáɪər]	→		↓	動 定年退職する，引退する
0818 **wipe** [waɪp]	→		↓	動 を拭く
0819 **broadcast** [brɔ́:dkæst]	→		↓	動 (を)放送する
0820 **puzzle** [pʌ́zl]	→		↓	動 を当惑させる，を悩ます

❖ 記憶から引き出す

意　味	ID	単語を書こう
動 (を)放送する	0819	
動 競争する，匹敵する	0816	
動 を延期する	0810	
動 を公表する，を知らせる	0815	
動 を特定する，を確認する	0801	
動 隠れる，を隠す	0814	
動 を当惑させる，を悩ます	0820	
動 沈む，を沈める	0803	
動 定年退職する，引退する	0817	
動 を目撃する，を証明する，証言する	0811	

意　味	ID	単語を書こう
動 を拭く	0818	
動 を監視する	0806	
動 を大きく［拡大］する	0808	
動 (罪など)を犯す，に義務を負わせる	0804	
動 (考えなど)を表現する，を示す	0813	
動 (を)かき混ぜる，をかき乱す	0809	
動 (包みなど)を開けて中身を出す	0807	
動 専門とする	0802	
動 を修復する，(秩序・健康など)を回復させる	0812	
動 を脅す	0805	

単語編

てる度
B
↓
0801
〜
0820

❖ Unit 40 の復習テスト　〉わからないときは前Unitで確認しましょう。

意　味	ID	単語を書こう
形 一時的な	0783	
形 目の不自由な	0785	
形 財政(上)の	0781	
副 比較的	0798	
形 低収入の	0787	
形 有機の，有機体の	0784	
副 従って，このように	0795	
副 特に，とりわけ	0790	
副 一般に	0793	
副 ますます	0789	

意　味	ID	単語を書こう
副 綿密に，密接に	0794	
形 めまいがする	0786	
副 もしかすると，おそらく	0788	
副 世界中に［で］，世界的に	0791	
副 公正に，まあまあ，かなり	0797	
接 どこで［へ］…しようとも，…するところはどこで［へ］も	0799	
副 またさらに，その上に	0792	
接 …するときはいつも，たとえいつ…しても	0800	
形 ばく大な，巨大な	0782	
副 一晩中，夜通し	0796	

学習日　　　　月　　　日

単　語	1回目	2回目	3回目	意　味
0821 **earn** [ə:rn]	→			動 (賃金など)を稼ぐ， (名声など)を得る
0822 **combine** [kəmbáɪn]	→			動 を結び付ける
0823 **bet** [bet]	→			動 絶対…だと確信する， (を)賭ける
0824 **crash** [kræʃ]	→			動 衝突する，墜落する
0825 **wave** [weɪv]	→			動 (手・旗など)(を)振る， 波打つ
0826 **dive** [daɪv]	→			動 (頭から)飛び込む
0827 **overcome** [òuvərkám]	→			動 (困難など)に打ち勝つ， を克服する
0828 **indicate** [índɪkèɪt]	→			動 を指し示す，を示す
0829 **exist** [ɪgzíst]	→			動 存在する，生存する
0830 **bear** [beər]	→			動 に耐える，を産む， (受身形で)生まれる
0831 **identity** [aɪdéntəti]	→			名 身元， 同一物であること
0832 **atmosphere** [ǽtməsfìər]	→			名 大気，雰囲気
0833 **contrast** [ká(:)ntræst]	→			名 対照
0834 **sunset** [sʌ́nsèt]	→			名 日没
0835 **chess** [tʃes]	→			名 チェス
0836 **kindergarten** [kíndərgà:rtən]	→			名 幼稚園
0837 **length** [leŋkθ]	→			名 長さ
0838 **contribution** [kà(:)ntrɪbjú:ʃən]	→			名 貢献，寄付(金)
0839 **economics** [ì:kəná(:)mɪks]	→			名 経済学
0840 **gap** [gæp]	→			名 すき間，割れ目， 隔たり

❀ 記憶から引き出す

意 味	ID	単語を書こう
動 に耐える，を産む，(受身形で)生まれる	0830	
名 大気，雰囲気	0832	
動 を結び付ける	0822	
名 幼稚園	0836	
動 (手・旗など)(を)振る，波打つ	0825	
名 経済学	0839	
名 チェス	0835	
名 対照	0833	
名 貢献，寄付(金)	0838	
名 すき間，割れ目，隔たり	0840	

意 味	ID	単語を書こう
動 (賃金など)を稼ぐ，(名声など)を得る	0821	
動 (困難など)に打ち勝つ，を克服する	0827	
名 長さ	0837	
名 日没	0834	
動 衝突する，墜落する	0824	
名 身元，同一物であること	0831	
動 絶対…だと確信する，(を)賭ける	0823	
動 を指し示す，を示す	0828	
動 (頭から)飛び込む	0826	
動 存在する，生存する	0829	

単語編

でる度
B
↓
0821
～
0840

❀ Unit 41の復習テスト　わからないときは前Unitで確認しましょう。

意 味	ID	単語を書こう
動 専門とする	0802	
動 を公表する，を知らせる	0815	
動 を当惑させる，を悩ます	0820	
動 (考えなど)を表現する，を示す	0813	
動 定年退職する，引退する	0817	
動 隠れる，を隠す	0814	
動 (包みなど)を開けて中身を出す	0807	
動 を目撃する，を証明する，証言する	0811	
動 を拭く	0818	
動 (罪など)を犯す，に義務を負わせる	0804	

意 味	ID	単語を書こう
動 を監視する	0806	
動 競争する，匹敵する	0816	
動 を大きく[拡大]する	0808	
動 (を)放送する	0819	
動 (を)かき混ぜる，をかき乱す	0809	
動 を脅す	0805	
動 を修復する，(秩序・健康など)を回復させる	0812	
動 を特定する，を確認する	0801	
動 沈む，を沈める	0803	
動 を延期する	0810	

学習日　　　月　　　日

単語	♪ 1回目	◉ 2回目	◉ 3回目	意味
0841 **wool** [wʊl]	→			图 羊毛
0842 **tail** [teɪl]	→			图 しっぽ，末端，後部
0843 **fiber** [fáɪbər]	→			图 繊維
0844 **humidity** [hjumídəţi]	→			图 湿気，湿度
0845 **perfume** [pə́ːrfjuːm]	→			图 香り，香水
0846 **feather** [féðər]	→			图 羽
0847 **playground** [pléɪgràʊnd]	→			图 遊び場，運動場
0848 **amusement** [əmjúːzmənt]	→			图 楽しみ，娯楽
0849 **semester** [səméstər]	→			图 (2学期制の)学期
0850 **symbol** [símbəl]	→			图 象徴，記号
0851 **operation** [à(ː)pəréɪʃən]	→			图 手術，(機械などの)運転，操作
0852 **tongue** [tʌŋ]	→			图 舌，言語
0853 **occasion** [əkéɪʒən]	→			图 (特定の)時，場合，行事
0854 **envelope** [énvəlòʊp]	→			图 封筒
0855 **rhythm** [ríðm]	→			图 リズム，調子
0856 **souvenir** [sùːvəníər]	→			图 土産，記念(品)
0857 **authority** [əθɔ́ːrəţi]	→			图 当局，権威，権限
0858 **cancer** [kǽnsər]	→			图 がん，悪性腫瘍
0859 **tribe** [traɪb]	→			图 部族
0860 **birth** [bəːrθ]	→			图 出生，誕生

🍀 記憶から引き出す

意　味	ID	単語を書こう
图 がん，悪性腫瘍	0858	
图 羊毛	0841	
图 舌，言語	0852	
图 部族	0859	
图 手術，(機械などの)運転，操作	0851	
图 しっぽ，末端，後部	0842	
图 象徴，記号	0850	
图 (特定の)時，場合，行事	0853	
图 羽	0846	
图 リズム，調子	0855	

意　味	ID	単語を書こう
图 出生，誕生	0860	
图 香り，香水	0845	
图 楽しみ，娯楽	0848	
图 繊維	0843	
图 土産，記念(品)	0856	
图 (2学期制の)学期	0849	
图 遊び場，運動場	0847	
图 湿気，湿度	0844	
图 当局，権威，権限	0857	
图 封筒	0854	

🍀 Unit 42の復習テスト　わからないときは前Unitで確認しましょう。

意　味	ID	単語を書こう
動 (手・旗など)(を)振る，波打つ	0825	
動 (賃金など)を稼ぐ，(名声など)を得る	0821	
動 存在する，生存する	0829	
图 対照	0833	
图 身元，同一物であること	0831	
图 貢献，寄付(金)	0838	
動 衝突する，墜落する	0824	
图 幼稚園	0836	
動 絶対…だと確信する，(を)賭ける	0823	
图 大気，雰囲気	0832	

意　味	ID	単語を書こう
图 長さ	0837	
图 日没	0834	
图 すき間，割れ目，隔たり	0840	
動 (頭から)飛び込む	0826	
動 を結び付ける	0822	
图 チェス	0835	
動 (困難など)に打ち勝つ，を克服する	0827	
图 経済学	0839	
動 を指し示す，を示す	0828	
動 に耐える，を産む，(受身形で)生まれる	0830	

学習日　　　月　　　日

単語	1回目	2回目	3回目	意味
0861 **loan** [loʊn]	→			图 借金, ローン
0862 **historian** [hɪstɔ́:riən]	→			图 歴史学者
0863 **soil** [sɔɪl]	→			图 土, 土壌
0864 **background** [bǽkgràʊnd]	→			图 経歴, 背景
0865 **volcano** [vɑ(:)lkéɪnoʊ]	→			图 火山
0866 **ancestor** [ǽnsèstər]	→			图 祖先
0867 **engineering** [èndʒɪníərɪŋ]	→			图 工学
0868 **prescription** [prɪskrípʃən]	→			图 処方箋
0869 **secretary** [sékrətèri]	→			图 秘書
0870 **attraction** [ətrǽkʃən]	→			图 人を引き付けるもの, 魅力
0871 **reward** [rɪwɔ́:rd]	→			图 報酬
0872 **checkup** [tʃékʌ̀p]	→			图 健康診断, 検査, 点検
0873 **database** [déɪṭəbèɪs]	→			图 データベース
0874 **bomb** [bɑ(:)m]	→			图 爆弾
0875 **coal** [koʊl]	→			图 石炭
0876 **nonfiction** [nà(:)nfíkʃən]	→			图 ノンフィクション（作品）
0877 **wire** [wáɪər]	→			图 電信線, 針金
0878 **blog** [blɑ(:)g]	→			图 ブログ
0879 **lung** [lʌŋ]	→			图 肺
0880 **pump** [pʌmp]	→			图 ポンプ

❋ 記憶から引き出す

意 味	ID	単語を書こう
图 肺	0879	
图 秘書	0869	
图 歴史学者	0862	
图 人を引き付けるもの, 魅力	0870	
图 健康診断, 検査, 点検	0872	
图 ノンフィクション(作品)	0876	
图 報酬	0871	
图 工学	0867	
图 経歴, 背景	0864	
图 ポンプ	0880	

意 味	ID	単語を書こう
图 土, 土壌	0863	
图 石炭	0875	
图 ブログ	0878	
图 処方箋	0868	
图 借金, ローン	0861	
图 火山	0865	
图 データベース	0873	
图 祖先	0866	
图 爆弾	0874	
图 電信線, 針金	0877	

❋ Unit 43の復習テスト　わからないときは前Unitで確認しましょう。

意 味	ID	単語を書こう
图 象徴, 記号	0850	
图 当局, 権威, 権限	0857	
图 部族	0859	
图 繊維	0843	
图 (特定の)時, 場合, 行事	0853	
图 遊び場, 運動場	0847	
图 舌, 言語	0852	
图 出生, 誕生	0860	
图 湿気, 湿度	0844	
图 (2学期制の)学期	0849	

意 味	ID	単語を書こう
图 土産, 記念(品)	0856	
图 羽	0846	
图 しっぽ, 末端, 後部	0842	
图 香り, 香水	0845	
图 リズム, 調子	0855	
图 楽しみ, 娯楽	0848	
图 封筒	0854	
图 がん, 悪性腫瘍	0858	
图 羊毛	0841	
图 手術, (機械などの)運転, 操作	0851	

学習日　　　月　　　日

単語	1回目	2回目	3回目	意 味
0881 **fingerprint** [fíŋgərprìnt]	→			名 指紋
0882 **poetry** [póʊətri]	→			名（文学の一形式としての）詩
0883 **scar** [skɑːr]	→			名 傷跡
0884 **stain** [steɪn]	→			名 しみ，汚れ
0885 **aluminum** [əlúːmɪnəm]	→			名 アルミニウム
0886 **freeway** [fríːwèɪ]	→			名 高速道路，（無料の）幹線道路
0887 **influenza** [ìnfluénzə]	→			名 インフルエンザ
0888 **suburb** [sʌ́bəːrb]	→			名 郊外
0889 **affection** [əfékʃən]	→			名 愛情，愛着
0890 **artwork** [ɑ́ːrtwə̀ːrk]	→			名 芸術［工芸］作品
0891 **massage** [məsɑ́ːʒ]	→			名 マッサージ
0892 **tip** [tɪp]	→			名 秘訣，ヒント，コツ
0893 **newborn** [njúːbɔ̀ːrn]	→			形 生まれたばかりの
0894 **unexpected** [ʌ̀nɪkspéktɪd]	→			形 意外な，予期しない
0895 **virtual** [və́ːrtʃuəl]	→			形 仮想の
0896 **generous** [dʒénərəs]	→			形 気前の良い，寛大な
0897 **commercial** [kəmə́ːrʃəl]	→			形 商業の，営利的な
0898 **academic** [æ̀kədémɪk]	→			形 学問の
0899 **extreme** [ɪkstríːm]	→			形 極度の，極端な
0900 **permanently** [pə́ːrmənəntli]	→			副 永久に

記憶から引き出す

意味	ID	単語を書こう	意味	ID	単語を書こう
图 インフルエンザ	0887		厖 仮想の	0895	
图 しみ，汚れ	0884		厖 学問の	0898	
图 指紋	0881		厖 気前の良い，寛大な	0896	
厖 商業の，営利的な	0897		副 永久に	0900	
图 秘訣，ヒント，コツ	0892		图 高速道路，(無料の)幹線道路	0886	
图 (文学の一形式としての)詩	0882		图 郊外	0888	
厖 生まれたばかりの	0893		图 傷跡	0883	
图 愛情，愛着	0889		图 芸術 [工芸] 作品	0890	
图 アルミニウム	0885		图 マッサージ	0891	
厖 意外な，予期しない	0894		厖 極度の，極端な	0899	

単語編 でる度 B ↓ 0881 〜 0900

Unit 44 の復習テスト　わからないときは前Unitで確認しましょう。

意味	ID	単語を書こう	意味	ID	単語を書こう
图 報酬	0871		图 秘書	0869	
图 電信線，針金	0877		图 土，土壌	0863	
图 石炭	0875		图 ポンプ	0880	
图 工学	0867		图 健康診断，検査，点検	0872	
图 人を引き付けるもの，魅力	0870		图 借金，ローン	0861	
图 ブログ	0878		图 肺	0879	
图 祖先	0866		图 データベース	0873	
图 ノンフィクション(作品)	0876		图 歴史学者	0862	
图 処方箋	0868		图 経歴，背景	0864	
图 火山	0865		图 爆弾	0874	

単語編

でる度 **C**　差がつく応用単語　**400**

学習日　　　月　　　日

単語	1回目	2回目	3回目	意味
0901 **import** [ɪmpɔ́ːrt]	→			動 を輸入する
0902 **vary** [véəri]	→			動 変わる，異なる，を変える
0903 **deserve** [dɪzə́ːrv]	→			動 に値する
0904 **heal** [hiːl]	→			動 (傷などが)治る，(傷・病人)を治す
0905 **appeal** [əpíːl]	→			動 訴える，懇願する
0906 **insist** [ɪnsíst]	→			動 強く主張する
0907 **accomplish** [əká(ː)mplɪʃ]	→			動 を成し遂げる
0908 **dislike** [dɪsláɪk]	→			動 を嫌う
0909 **bloom** [bluːm]	→			動 (花が)咲く
0910 **refresh** [rɪfréʃ]	→			動 (気分)をさわやかにする，を元気づける
0911 **tremble** [trémbl]	→			動 震える
0912 **float** [floʊt]	→			動 浮かぶ，漂う
0913 **vote** [voʊt]	→			動 投票する
0914 **decline** [dɪkláɪn]	→			動 衰退する，(を)丁重に断る
0915 **refuse** [rɪfjúːz]	→			動 を拒否する
0916 **establish** [ɪstǽblɪʃ]	→			動 を設立する，を確立する
0917 **oppose** [əpóʊz]	→			動 に反対する，を対抗させる
0918 **ban** [bæn]	→			動 を禁止する
0919 **alter** [ɔ́ːltər]	→			動 を変える，を改める，変わる
0920 **mention** [ménʃən]	→			動 に言及する

✖ 記憶から引き出す

意 味	ID	単語を書こう
動 衰退する， （を）丁重に断る	0914	
動 （気分）をさわやかにする， を元気づける	0910	
動 訴える，懇願する	0905	
動 を設立する，を確立する	0916	
動 を変える，を改める， 変わる	0919	
動 震える	0911	
動 に言及する	0920	
動 を嫌う	0908	
動 を輸入する	0901	
動 （傷などが）治る， （傷・病人）を治す	0904	

意 味	ID	単語を書こう
動 を禁止する	0918	
動 に値する	0903	
動 浮かぶ，漂う	0912	
動 を成し遂げる	0907	
動 （花が）咲く	0909	
動 を拒否する	0915	
動 投票する	0913	
動 に反対する， を対抗させる	0917	
動 変わる，異なる， を変える	0902	
動 強く主張する	0906	

単語編

でる度
C
↓
0901
〜
0920

✖ Unit 45の復習テスト ▸ わからないときは前Unitで確認しましょう。

意 味	ID	単語を書こう
名 アルミニウム	0885	
副 永久に	0900	
名 しみ，汚れ	0884	
形 仮想の	0895	
名 愛情，愛着	0889	
名 高速道路， （無料の）幹線道路	0886	
形 商業の，営利的な	0897	
形 意外な，予期しない	0894	
名 （文学の一形式としての） 詩	0882	
名 マッサージ	0891	

意 味	ID	単語を書こう
形 生まれたばかりの	0893	
名 傷跡	0883	
形 気前の良い，寛大な	0896	
形 学問の	0898	
名 秘訣，ヒント，コツ	0892	
名 インフルエンザ	0887	
名 指紋	0881	
名 芸術［工芸］作品	0890	
形 極度の，極端な	0899	
名 郊外	0888	

学習日　　　月　　　日

単語	② 1回目	◉ 2回目	◉ 3回目	意 味
0921 **confirm** [kənfə́:rm]	→			動 を確かめる, を確証する
0922 **defeat** [dɪfíːt]	→			動 を負かす
0923 **detect** [dɪtékt]	→			動 を検出する, を感知する
0924 **absorb** [əbzɔ́:rb]	→			動 (受身形で)夢中になる, (液体・音・光など)を吸 収する
0925 **install** [ɪnstɔ́:l]	→			動 (装置など)を設置する, (ソフトなど)をインスト ールする
0926 **educate** [édʒəkèɪt]	→			動 を教育する
0927 **stock** [stɑ(:)k]	→			動 (商品)を店に置いてい る, に補充する
0928 **foundation** [faʊndéɪʃən]	→			名 基礎, 団体, 設立, 根拠
0929 **suggestion** [səgdʒéstʃən]	→			名 提案
0930 **resource** [ríːsɔːrs]	→			名 (通例 ~s)資源, 資金, (いざというときの) 手段
0931 **graduation** [grædʒuéɪʃən]	→			名 卒業
0932 **permission** [pərmíʃən]	→			名 許可
0933 **lecture** [léktʃər]	→			名 講演, 講義, 説教
0934 **budget** [bʌ́dʒət]	→			名 予算, 経費
0935 **management** [mǽnɪdʒmənt]	→			名 経営, 管理
0936 **citizen** [síṭəzən]	→			名 国民, 市民
0937 **candidate** [kǽndɪdèɪt]	→			名 候補者, 志願者
0938 **geography** [dʒiɑ́(:)grəfi]	→			名 地理学, 地理
0939 **option** [ɑ́(:)pʃən]	→			名 選択権, 選択の自由, 選択肢
0940 **summary** [sʌ́məri]	→			名 要約

記憶から引き出す

意味	ID	単語を書こう
名 許可	0932	
名 経営，管理	0935	
名 (通例 ～s)資源，資金，(いざというときの)手段	0930	
動 を確かめる，を確証する	0921	
名 基礎，団体，設立，根拠	0928	
名 地理学，地理	0938	
動 を教育する	0926	
名 予算，経費	0934	
動 (受身形で)夢中になる，(液体・音・光など)を吸収する	0924	
動 (装置など)を設置する，(ソフトなど)をインストールする	0925	
名 要約	0940	
名 国民，市民	0936	
名 選択権，選択の自由，選択肢	0939	
動 (商品)を店に置いている，に補充する	0927	
名 提案	0929	
動 を検出する，を感知する	0923	
名 候補者，志願者	0937	
動 を負かす	0922	
名 卒業	0931	
名 講演，講義，説教	0933	

Unit 46の復習テスト

わからないときは前Unitで確認しましょう。

意味	ID	単語を書こう
動 に反対する，を対抗させる	0917	
動 に値する	0903	
動 投票する	0913	
動 を禁止する	0918	
動 変わる，異なる，を変える	0902	
動 を設立する，を確立する	0916	
動 (傷などが)治る，(傷・病人)を治す	0904	
動 衰退する，(を)丁重に断る	0914	
動 を輸入する	0901	
動 震える	0911	
動 訴える，懇願する	0905	
動 を変える，を改める，変わる	0919	
動 強く主張する	0906	
動 (気分)をさわやかにする，を元気づける	0910	
動 を拒否する	0915	
動 (花が)咲く	0909	
動 を成し遂げる	0907	
動 浮かぶ，漂う	0912	
動 に言及する	0920	
動 を嫌う	0908	

学習日　　　月　　　日

単語	1回目	2回目	3回目	意味
0941 **possibility** [pà(:)səbíləɟi]	→			图 可能性
0942 **employment** [ɪmplɔ́ɪmənt]	→			图 雇用，勤務
0943 **supporter** [səpɔ́:rʈər]	→			图 支持者，後援者
0944 **consequence** [ká(:)nsəkwens]	→			图 結果，結論
0945 **criminal** [krímɪnəl]	→			图 犯罪者，犯人
0946 **warmth** [wɔ:rmθ]	→			图 暖かさ，温かさ，温情
0947 **branch** [bræntʃ]	→			图 支店，枝
0948 **automobile** [ɔ́:ʈəmoʊbì:l]	→			图 自動車
0949 **edge** [edʒ]	→			图 端，縁，（刃物の）刃
0950 **thunderstorm** [θʌ́ndərstɔ̀:rm]	→			图 激しい雷雨
0951 **documentary** [dà(:)kjumén̪ʈəri]	→			图 ドキュメンタリー（番組・映画），実録
0952 **studio** [stʲú:diòʊ]	→			图 スタジオ，アトリエ
0953 **weapon** [wépən]	→			图 武器，兵器
0954 **procedure** [prəsí:dʒər]	→			图 手順，手続き
0955 **reputation** [rèpjutéɪʃən]	→			图 評判，名声
0956 **species** [spí:ʃì:z]	→			图 種
0957 **substance** [sʌ́bstəns]	→			图 物質，実質
0958 **status** [stéɪʈəs]	→			图 地位，身分
0959 **desire** [dɪzáɪər]	→			图 願望，欲望，欲求
0960 **deal** [di:l]	→			图 量

❈ 記憶から引き出す

意　味	ID	単語を書こう	意　味	ID	単語を書こう
名 量	0960		名 支持者，後援者	0943	
名 評判，名声	0955		名 スタジオ，アトリエ	0952	
名 願望，欲望，欲求	0959		名 自動車	0948	
名 手順，手続き	0954		名 地位，身分	0958	
名 支店，枝	0947		名 暖かさ，温かさ，温情	0946	
名 激しい雷雨	0950		名 雇用，勤務	0942	
名 可能性	0941		名 武器，兵器	0953	
名 ドキュメンタリー(番組・映画)，実録	0951		名 端，縁，（刃物の）刃	0949	
名 結果，結論	0944		名 種	0956	
名 物質，実質	0957		名 犯罪者，犯人	0945	

単語編

でる度
C
↓
0941
〜
0960

❈ Unit 47の復習テスト ▶ わからないときは前Unitで確認しましょう。

意　味	ID	単語を書こう	意　味	ID	単語を書こう
名 基礎，団体，設立，根拠	0928		動 (商品)を店に置いている，に補充する	0927	
動 を負かす	0922		名 候補者，志願者	0937	
名 予算，経費	0934		名 (通例 ～s)資源，資金，(いざというときの) 手段	0930	
動 を教育する	0926		動 (装置など)を設置する，(ソフトなど)をインストールする	0925	
動 を検出する，を感知する	0923		名 地理学，地理	0938	
名 許可	0932		動 を確かめる，を確証する	0921	
動 (受身形で) 夢中になる，(液体・音・光など)を吸収する	0924		名 経営，管理	0935	
名 提案	0929		名 選択権，選択の自由，選択肢	0939	
名 国民，市民	0936		名 講演，講義，説教	0933	
名 卒業	0931		名 要約	0940	

学習日　　　月　　　日

単語	1回目	2回目	3回目	意味
0961 **biofuel** [báɪoʊfjùːəl]	→			图 バイオ燃料
0962 **room** [ruːm]	→			图 余地, 場所, 部屋
0963 **internship** [íntəːrnʃìp]	→			图 インターンシップ, 実習訓練（期間）
0964 **wheel** [hwiːl]	→			图 車輪
0965 **principal** [prínsəpəl]	→			图 校長, 長
0966 **shot** [ʃɑ(ː)t]	→			图 （ワクチンなどの）注 射, シュート, 発砲
0967 **laundry** [lɔ́ːndri]	→			图 洗濯（物）, クリーニング店
0968 **press** [pres]	→			图 (通例 the ~)新聞, 報道機関
0969 **fitness** [fítnəs]	→			图 健康, 適合
0970 **scenery** [síːnəri]	→			图 風景, 景色
0971 **figure** [fígjər]	→			图 数字, 体型, 人物
0972 **disagreement** [dìsəgríːmənt]	→			图 意見の相違, 不一致
0973 **suitable** [súːʈəbl]	→			形 適した
0974 **guilty** [gílti]	→			形 罪悪感のある, 有罪の
0975 **inexpensive** [ìnɪkspénsɪv]	→			形 安価な
0976 **curious** [kjúəriəs]	→			形 好奇心の強い, 知りたがる, 奇妙な
0977 **ethnic** [éθnɪk]	→			形 民族的な
0978 **leftover** [léftòuvər]	→			形 食べ残しの
0979 **potential** [pəténʃəl]	→			形 潜在的な
0980 **general** [dʒénərəl]	→			形 一般的な, 全体の

❋ 記憶から引き出す

意　味	ID	単語を書こう
图 インターンシップ，実習訓練（期間）	0963	
形 安価な	0975	
形 食べ残しの	0978	
图 車輪	0964	
形 適した	0973	
图 風景，景色	0970	
图 健康，適合	0969	
形 民族的な	0977	
图 数字，体型，人物	0971	
形 潜在的な	0979	

意　味	ID	単語を書こう
图 バイオ燃料	0961	
图 意見の相違，不一致	0972	
图 洗濯（物），クリーニング店	0967	
图 （ワクチンなどの）注射，シュート，発砲	0966	
形 罪悪感のある，有罪の	0974	
图 余地，場所，部屋	0962	
形 好奇心の強い，知りたがる，奇妙な	0976	
形 一般的な，全体の	0980	
图 校長，長	0965	
图 （通例 the ～）新聞，報道機関	0968	

単語編

でる度
C
↓
0961
〜
0980

❋ Unit 48の復習テスト ▷ わからないときは前Unitで確認しましょう。

意　味	ID	単語を書こう
图 自動車	0948	
图 物質，実質	0957	
图 スタジオ，アトリエ	0952	
图 暖かさ，温かさ，温情	0946	
图 願望，欲望，欲求	0959	
图 端，縁，（刃物の）刃	0949	
图 手順，手続き	0954	
图 地位，身分	0958	
图 犯罪者，犯人	0945	
图 可能性	0941	

意　味	ID	単語を書こう
图 ドキュメンタリー（番組・映画），実録	0951	
图 武器，兵器	0953	
图 雇用，勤務	0942	
图 結果，結論	0944	
图 激しい雷雨	0950	
图 評判，名声	0955	
图 支店，枝	0947	
图 種	0956	
图 量	0960	
图 支持者，後援者	0943	

学習日　　　　月　　　日

単語	🔊 1回目	👁 2回目	👁 3回目	意味
0981 complex [kɑ̀(:)mpléks]	→			形 複雑な，複合の
0982 overall [òuvərɔ́:l]	→			形 全般 [全体] 的な
0983 alternative [ɔ:ltə́:rnətiv]	→			形 代わりの，二者択一の
0984 additional [ədíʃənəl]	→			形 追加の
0985 cheerful [tʃíərfəl]	→			形 元気の良い，陽気な
0986 imperial [ɪmpíəriəl]	→			形 皇帝の，帝国の
0987 face-to-face [fèɪstəféɪs]	→			形 対面の
0988 informal [ɪnfɔ́:rməl]	→			形 くだけた，非公式の
0989 eco-friendly [í:koufréndli]	→			形 環境に優しい
0990 secondhand [sèkəndhǽnd]	→			形 中古の
0991 homeless [hóumləs]	→			形 家のない
0992 sound [saund]	→			形 健全な，安定した，妥当な
0993 scary [skéəri]	→			形 怖い，恐ろしい
0994 classical [klǽsɪkəl]	→			形 古典的な，古典主義の
0995 responsible [rɪspɑ́(:)nsəbl]	→			形 責任のある
0996 awake [əwéɪk]	→			形 目が覚めて
0997 slightly [sláɪtli]	→			副 わずかに
0998 specially [spéʃəli]	→			副 特別に，特に
0999 silently [sáɪləntli]	→			副 黙って，静かに
1000 hopefully [hóupfəli]	→			副 うまくいけば，願わくば

記憶から引き出す

意味	ID	単語を書こう
形 家のない	0991	
副 わずかに	0997	
副 うまくいけば，願わくば	1000	
形 複雑な，複合の	0981	
形 目が覚めて	0996	
形 怖い，恐ろしい	0993	
形 対面の	0987	
形 全般［全体］的な	0982	
形 皇帝の，帝国の	0986	
副 特別に，特に	0998	

意味	ID	単語を書こう
形 古典的な，古典主義の	0994	
形 代わりの，二者択一の	0983	
形 くだけた，非公式の	0988	
副 黙って，静かに	0999	
形 元気の良い，陽気な	0985	
形 中古の	0990	
形 責任のある	0995	
形 追加の	0984	
形 健全な，安定した，妥当な	0992	
形 環境に優しい	0989	

Unit 49の復習テスト

わからないときは前Unitで確認しましょう。

意味	ID	単語を書こう
名 車輪	0964	
名 意見の相違，不一致	0972	
形 好奇心の強い，知りたがる，奇妙な	0976	
名 洗濯（物），クリーニング店	0967	
形 安価な	0975	
名 数字，体型，人物	0971	
名 バイオ燃料	0961	
形 食べ残しの	0978	
名 余地，場所，部屋	0962	
形 適した	0973	

意味	ID	単語を書こう
名 インターンシップ，実習訓練（期間）	0963	
形 潜在的な	0979	
名 校長，長	0965	
形 罪悪感のある，有罪の	0974	
形 民族的な	0977	
形 一般的な，全体の	0980	
名 健康，適合	0969	
名 （ワクチンなどの）注射，シュート，発砲	0966	
名 （通例 the ～）新聞，報道機関	0968	
名 風景，景色	0970	

単語	② 1回目	❷ 2回目	❸ 3回目	意味
1001 settle [séṭl]	→			動 定住する，（問題・紛争など）を解決する
1002 inspire [ɪnspáɪər]	→		↓	動 を奮い立たせる
1003 launch [lɔ:ntʃ]	→		↓	動 を発射する，を開始する，を売り出す
1004 define [dɪfáɪn]	→		↓	動 を定義する，を明確に示す
1005 insult [ɪnsʌ́lt]	→		↓	動 を侮辱する
1006 deny [dɪnáɪ]	→		↓	動 を否定する
1007 compose [kəmpóuz]	→		↓	動 （音楽・芸術など）を創作する，（受身形で）構成される
1008 dump [dʌmp]	→		↓	動 （ゴミなど）を捨てる
1009 expire [ɪkspáɪər]	→		↓	動 （期限が）切れる
1010 ease [i:z]	→		↓	動 を和らげる
1011 rebuild [rì:bíld]	→		↓	動 を改築する，を再建する
1012 shorten [ʃɔ́:rtən]	→		↓	動 を短くする
1013 split [splɪt]	→		↓	動 を分ける
1014 bleed [bli:d]	→		↓	動 出血する
1015 reuse [rì:jú:z]	→		↓	動 を再利用する
1016 rewrite [rì:ráɪt]	→		↓	動 を書き直す
1017 restart [rì:stá:rt]	→		↓	動 を再開始する
1018 astonish [əstá(:)nɪʃ]	→		↓	動 を驚かす
1019 beg [beg]	→		↓	動 に懇願する
1020 introduction [ìntrədʌ́kʃən]	→		↓	名 序論，導入，紹介

❀ 記憶から引き出す

意 味	ID	単語を書こう		意 味	ID	単語を書こう
動 を否定する	1006			動 を分ける	1013	
動 (期限が)切れる	1009			名 序論，導入，紹介	1020	
動 を定義する，を明確に示す	1004			動 を和らげる	1010	
動 を書き直す	1016			動 を短くする	1012	
動 定住する，(問題・紛争など)を解決する	1001			動 を奮い立たせる	1002	
動 を再利用する	1015			動 (音楽・芸術など)を創作する，(受身形で)構成される	1007	
動 を驚かす	1018			動 を改築する，を再建する	1011	
動 を侮辱する	1005			動 を発射する，を開始する，を売り出す	1003	
動 を再開始する	1017			動 出血する	1014	
動 (ゴミなど)を捨てる	1008			動 に懇願する	1019	

単語編

でる度 C
↓
1001
〜
1020

❀ Unit 50 の復習テスト　わからないときは前Unitで確認しましょう。

意 味	ID	単語を書こう		意 味	ID	単語を書こう
形 健全な，安定した，妥当な	0992			形 代わりの，二者択一の	0983	
形 環境に優しい	0989			副 うまくいけば，願わくば	1000	
副 黙って，静かに	0999			形 くだけた，非公式の	0988	
形 怖い，恐ろしい	0993			形 複雑な，複合の	0981	
形 全般[全体]的な	0982			形 元気の良い，陽気な	0985	
形 目が覚めて	0996			形 古典的な，古典主義の	0994	
形 対面の	0987			形 家のない	0991	
副 特別に，特に	0998			形 追加の	0984	
形 責任のある	0995			形 皇帝の，帝国の	0986	
副 わずかに	0997			形 中古の	0990	

学習日　　　　月　　　日

単　語	1回目	2回目	3回目	意　味
1021 **efficiency** [ɪfíʃənsi]	→			图 効率，能率
1022 **complaint** [kəmpléɪnt]	→			图 不平，苦情
1023 **trial** [tráɪəl]	→			图 裁判，試み
1024 **apology** [əpá(:)lədʒi]	→			图 おわび，謝罪
1025 **rival** [ráɪvəl]	→			图 競争相手，ライバル
1026 **defense** [dɪféns]	→			图 防御（力），守備（力）
1027 **equality** [ɪkwá(:)ləti]	→			图 平等
1028 **quantity** [kwá(:)nʈəti]	→			图 量
1029 **objection** [əbdʒékʃən]	→			图 反対，異議
1030 **reduction** [rɪdʌ́kʃən]	→			图 減少，短縮，削減
1031 **applicant** [ǽplɪkənt]	→			图 志願者，応募者
1032 **workshop** [wə́:rkʃà(:)p]	→			图 研修会， ワークショップ
1033 **disadvantage** [dìsədvǽnʈɪdʒ]	→			图 不利な立場， 不利（な点）
1034 **literature** [líʈərətʃər]	→			图 文学，文献
1035 **creator** [kri(:)éɪʈər]	→			图 創作者
1036 **frame** [freɪm]	→			图 額縁，枠，骨組み
1037 **confidence** [ká(:)nfɪdəns]	→			图 自信，信頼
1038 **cooperation** [koʊà(:)pəréɪʃən]	→			图 協力，協調性
1039 **pioneer** [pàɪənfər]	→			图 先駆者，開拓者
1040 **specialist** [spéʃəlɪst]	→			图 専門家

記憶から引き出す

意味	ID	単語を書こう
名 反対，異議	1029	
名 おわび，謝罪	1024	
名 額縁，枠，骨組み	1036	
名 志願者，応募者	1031	
名 協力，協調性	1038	
名 創作者	1035	
名 量	1028	
名 専門家	1040	
名 自信，信頼	1037	
名 平等	1027	

意味	ID	単語を書こう
名 不利な立場，不利（な点）	1033	
名 不平，苦情	1022	
名 先駆者，開拓者	1039	
名 裁判，試み	1023	
名 競争相手，ライバル	1025	
名 減少，短縮，削減	1030	
名 研修会，ワークショップ	1032	
名 防御（力），守備（力）	1026	
名 文学，文献	1034	
名 効率，能率	1021	

Unit 51の復習テスト

わからないときは前Unitで確認しましょう。

意味	ID	単語を書こう
動 を発射する，を開始する，を売り出す	1003	
動 を和らげる	1010	
動 を驚かす	1018	
動 （期限が）切れる	1009	
動 を短くする	1012	
動 出血する	1014	
動 を否定する	1006	
動 を奮い立たせる	1002	
名 序論，導入，紹介	1020	
動 定住する，（問題・紛争など）を解決する	1001	

意味	ID	単語を書こう
動 を改築する，を再建する	1011	
動 を再利用する	1015	
動 を侮辱する	1005	
動 （音楽・芸術など）を創作する，（受身形で）構成される	1007	
動 を再開始する	1017	
動 を分ける	1013	
動 を書き直す	1016	
動 を定義する，を明確に示す	1004	
動 に懇願する	1019	
動 （ゴミなど）を捨てる	1008	

学習日　　　月　　　日

単 語	1回目	2回目	3回目	意 味
1041 **vocabulary** [voʊkǽbjʊlèri]	→			图 語彙
1042 **wage** [weɪdʒ]	→			图 (しばしば 〜s) 給料, 賃金
1043 **definition** [dèfəníʃən]	→			图 定義
1044 **greenhouse** [grí:nhàʊs]	→			图 温室
1045 **accuracy** [ǽkjərəsi]	→			图 精度, 正確さ
1046 **depression** [dɪpréʃən]	→			图 憂うつ, うつ病, 不景気
1047 **hurricane** [hə́:rəkèin]	→			图 ハリケーン
1048 **inventor** [ɪnvéntər]	→			图 発明者, 考案者
1049 **architect** [ɑ́:rkɪtèkt]	→			图 建築家, 設計者
1050 **roof** [ru:f]	→			图 屋根
1051 **ceiling** [sí:lɪŋ]	→			图 天井
1052 **calculator** [kǽlkjulèɪɾər]	→			图 計算機
1053 **storage** [stɔ́:rɪdʒ]	→			图 保管, 貯蔵
1054 **dormitory** [dɔ́:rmətɔ̀:ri]	→			图 寮, (学校の) 寄宿舎
1055 **cave** [keɪv]	→			图 洞窟, 洞穴
1056 **echo** [ékoʊ]	→			图 反響, こだま
1057 **representative** [rèprɪzén̬əɾɪv]	→			图 代表者, 代理人
1058 **former** [fɔ́:rmər]	→			形 前の, 先の
1059 **widespread** [wáɪdsprèd]	→			形 広く行き渡った, 普及した
1060 **beneficial** [bènɪfíʃəl]	→			形 有益な, ためになる

✖ 記憶から引き出す

意 味	ID	単語を書こう	意 味	ID	単語を書こう
图 ハリケーン	1047		图 憂うつ，うつ病，不景気	1046	
图 精度，正確さ	1045		图 語彙	1041	
形 有益な，ためになる	1060		图 建築家，設計者	1049	
图 天井	1051		图 代表者，代理人	1057	
图 寮，（学校の）寄宿舎	1054		图 洞窟，洞穴	1055	
图 定義	1043		形 広く行き渡った，普及した	1059	
形 前の，先の	1058		图 （しばしば ～s）給料，賃金	1042	
图 保管，貯蔵	1053		图 反響，こだま	1056	
图 温室	1044		图 屋根	1050	
图 発明者，考案者	1048		图 計算機	1052	

✖ Unit 52の復習テスト　〈 わからないときは前Unitで確認しましょう。

意 味	ID	単語を書こう	意 味	ID	単語を書こう
图 志願者，応募者	1031		图 防御（力），守備（力）	1026	
图 おわび，謝罪	1024		图 自信，信頼	1037	
图 減少，短縮，削減	1030		图 不平，苦情	1022	
图 平等	1027		图 文学，文献	1034	
图 研修会，ワークショップ	1032		图 競争相手，ライバル	1025	
图 効率，能率	1021		图 額縁，枠，骨組み	1036	
图 専門家	1040		图 反対，異議	1029	
图 量	1028		图 裁判，試み	1023	
图 協力，協調性	1038		图 創作者	1035	
图 不利な立場，不利（な点）	1033		图 先駆者，開拓者	1039	

学習日　　　月　　　日

単語	1回目	2回目	3回目	意 味
1061 historical [hɪstɔ́(:)rɪkəl]	→			形 歴史の，歴史に関する
1062 ideal [aɪdíːəl]	→			形 理想的な
1063 extinct [ɪkstíŋkt]	→			形 絶滅した，廃止された
1064 creative [kri(ː)éɪṭɪv]	→			形 創造的な，創造力のある
1065 relevant [réləvənt]	→			形 関連した
1066 initial [ɪníʃəl]	→			形 最初の
1067 reasonable [ríːzənəbl]	→			形 (値段が)手ごろな，道理をわきまえた，筋の通った
1068 appropriate [əpróʊprɪət]	→			形 適切な
1069 obvious [á(ː)bvɪəs]	→			形 明らかな
1070 permanent [pə́ːrmənənt]	→			形 永続的な，永久不変の
1071 full-time [fʊ̀ltáɪm]	→			形 常勤の，正規の
1072 challenging [tʃǽlɪndʒɪŋ]	→			形 やりがいのある
1073 complicated [ká(ː)mpləkèɪṭɪd]	→			形 複雑な，ややこしい
1074 dramatic [drəmǽṭɪk]	→			形 劇的な，演劇の
1075 innocent [ínəsənt]	→			形 無罪の，無邪気な
1076 reliable [rɪláɪəbl]	→			形 信頼できる
1077 stable [stéɪbl]	→			形 安定した
1078 unnecessary [ʌnnésəsèri]	→			形 不要な
1079 rapid [rǽpɪd]	→			形 急速な
1080 regional [ríːdʒənəl]	→			形 地方の，局地的な

❇ 記憶から引き出す

意 味	ID	単語を書こう
彫 最初の	1066	
彫 急速な	1079	
彫 関連した	1065	
彫 絶滅した，廃止された	1063	
彫 複雑な，ややこしい	1073	
彫 明らかな	1069	
彫 安定した	1077	
彫 常勤の，正規の	1071	
彫 無罪の，無邪気な	1075	
彫 理想的な	1062	

意 味	ID	単語を書こう
彫 適切な	1068	
彫 歴史の，歴史に関する	1061	
彫 劇的な，演劇の	1074	
彫 信頼できる	1076	
彫 永続的な，永久不変の	1070	
彫 不要な	1078	
彫 創造的な，創造力のある	1064	
彫 地方の，局地的な	1080	
彫 やりがいのある	1072	
彫 (値段が)手ごろな，道理をわきまえた，筋の通った	1067	

でる度 **C** ↓ 1061 ～ 1080

❇ Unit 53の復習テスト　わからないときは前Unitで確認しましょう。

意 味	ID	単語を書こう
名 天井	1051	
名 精度，正確さ	1045	
名 寮，(学校の)寄宿舎	1054	
名 温室	1044	
名 代表者，代理人	1057	
名 (しばしば ～s)給料，賃金	1042	
名 ハリケーン	1047	
名 計算機	1052	
彫 広く行き渡った，普及した	1059	
名 語彙	1041	

意 味	ID	単語を書こう
彫 有益な，ためになる	1060	
名 反響，こだま	1056	
名 建築家，設計者	1049	
名 定義	1043	
名 洞窟，洞穴	1055	
名 発明者，考案者	1048	
名 憂うつ，うつ病，不景気	1046	
名 屋根	1050	
名 保管，貯蔵	1053	
彫 前の，先の	1058	

学習日　　　月　　　日

単語	1回目	2回目	3回目	意味
1081 **vital** [váɪṭəl]	→			形 極めて重要な， 不可欠な
1082 **adequate** [ǽdɪkwət]	→			形 十分な
1083 **formal** [fɔ́ːrməl]	→			形 正式の， (服装が)正装の
1084 **smooth** [smuːð]	→			形 円滑に動く， なめらかな
1085 **opposite** [á(ː)pəzɪt]	→			形 逆の，反対の
1086 **definitely** [défənətli]	→			副 間違いなく
1087 **totally** [tóuṭəli]	→			副 全く，すっかり
1088 **separately** [sépərətli]	→			副 離れて，別々に
1089 **steadily** [stédɪli]	→			副 着実に
1090 **importantly** [ɪmpɔ́ːrtəntli]	→			副 重要なことには
1091 **terribly** [térəbli]	→			副 ひどく，とても
1092 **effectively** [ɪféktɪvli]	→			副 効果的に，有効に
1093 **basically** [béɪsɪkəli]	→			副 基本的には
1094 **constantly** [ká(ː)nstəntli]	→			副 いつでも，絶えず
1095 **negatively** [négəṭɪvli]	→			副 否定的に，消極的に
1096 **independently** [ìndɪpéndəntli]	→			副 独立して，自主的に
1097 **truly** [trúːli]	→			副 本当に，実に
1098 **economically** [ìːkəná(ː)mɪkəli]	→			副 経済的に
1099 **throughout** [θruːáut]	→			前 ～の間中ずっと， ～の至るところで
1100 **plus** [plʌs]	→			前 ～を加えて， ～に加えて

✖ 記憶から引き出す

意　味	ID	単語を書こう	意　味	ID	単語を書こう
副 経済的に	1098		副 ひどく，とても	1091	
副 独立して，自主的に	1096		形 逆の，反対の	1085	
形 極めて重要な，不可欠な	1081		副 いつでも，絶えず	1094	
副 否定的に，消極的に	1095		副 本当に，実に	1097	
形 円滑に動く，なめらかな	1084		副 効果的に，有効に	1092	
副 全く，すっかり	1087		副 間違いなく	1086	
前 〜の間中ずっと， 〜の至るところで	1099		形 十分な	1082	
副 重要なことには	1090		副 離れて，別々に	1088	
前 〜を加えて，〜に加えて	1100		副 基本的には	1093	
副 着実に	1089		形 正式の， （服装が）正装の	1083	

✖ Unit 54 の復習テスト　わからないときは前 Unit で確認しましょう。

意　味	ID	単語を書こう	意　味	ID	単語を書こう
形 理想的な	1062		形 最初の	1066	
形 安定した	1077		形 創造的な，創造力のある	1064	
形 やりがいのある	1072		形 永続的な，永久不変の	1070	
形 不要な	1078		形 適切な	1068	
形 明らかな	1069		形 信頼できる	1076	
形 急速な	1079		形 劇的な，演劇の	1074	
形 歴史の，歴史に関する	1061		形 （値段が）手ごろな， 道理をわきまえた， 筋の通った	1067	
形 複雑な，ややこしい	1073		形 常勤の，正規の	1071	
形 関連した	1065		形 無罪の，無邪気な	1075	
形 絶滅した，廃止された	1063		形 地方の，局地的な	1080	

単語編

でる度
C
↓
1081
〜
1100

学習日　　　月　　　日

単語	② 1回目	⬤ 2回目	⬤ 3回目	意 味
1101 direct [dərékt]	→			動 を指揮する，を向ける
1102 admit [ədmít]	→			動 を認める
1103 regret [rɪgrét]	→			動 を後悔する
1104 predict [prɪdíkt]	→			動 (を)予測する， (を)予言する
1105 cough [kɔːf]	→			動 咳をする
1106 commute [kəmjúːt]	→			動 通勤 [通学] する
1107 resist [rɪzíst]	→			動 を我慢する， に抵抗する
1108 inherit [ɪnhérət]	→			動 を継ぐ，を相続する
1109 sacrifice [sǽkrɪfàɪs]	→			動 を犠牲にする
1110 imply [ɪmpláɪ]	→			動 をほのめかす， を暗に示す
1111 tolerate [tá(ː)lərèɪt]	→			動 を許容する， を我慢する，に耐える
1112 yell [jel]	→			動 どなる，叫ぶ
1113 impose [ɪmpóuz]	→			動 (義務や税)を課す
1114 guarantee [gæ̀rəntíː]	→			動 を保証する
1115 substitute [sʌ́bstɪtjùːt]	→			動 代わりをする， を代わりに用いる
1116 collapse [kəlǽps]	→			動 崩壊する
1117 approve [əprúːv]	→			動 を承認する， 良いと認める
1118 interfere [ìntərfíər]	→			動 邪魔する，干渉する
1119 compensate [ká(ː)mpənsèɪt]	→			動 に埋め合わせをする
1120 feature [fíːtʃər]	→			動 (映画などで)を主演させ る， (新聞などで)を特集する

✿ 記憶から引き出す

意　味	ID	単語を書こう
動 通勤 [通学] する	1106	
動 を継ぐ，を相続する	1108	
動 を承認する， 良いと認める	1117	
動 をほのめかす， を暗に示す	1110	
動 を後悔する	1103	
動 邪魔する，干渉する	1118	
動 (を)予測する， (を)予言する	1104	
動 代わりをする， を代わりに用いる	1115	
動 に埋め合わせをする	1119	
動 を保証する	1114	

意　味	ID	単語を書こう
動 を我慢する，に抵抗する	1107	
動 を許容する，を我慢する， に耐える	1111	
動 (映画などで)を主演させ る， (新聞などで)を特集する	1120	
動 咳をする	1105	
動 どなる，叫ぶ	1112	
動 を指揮する，を向ける	1101	
動 (義務や税)を課す	1113	
動 崩壊する	1116	
動 を犠牲にする	1109	
動 を認める	1102	

単語編 でる度 C ↓ 1101 ～ 1120

✿ Unit 55の復習テスト ▶ わからないときは前Unitで確認しましょう。

意　味	ID	単語を書こう
形 逆の，反対の	1085	
副 全く，すっかり	1087	
副 本当に，実に	1097	
副 効果的に，有効に	1092	
副 重要なことには	1090	
副 独立して，自主的に	1096	
形 極めて重要な，不可欠な	1081	
副 否定的に，消極的に	1095	
形 正式の， (服装が)正装の	1083	
副 間違いなく	1086	

意　味	ID	単語を書こう
副 ひどく，とても	1091	
副 着実に	1089	
副 経済的に	1098	
副 基本的には	1093	
前 ～を加えて，～に加えて	1100	
前 ～の間中ずっと， ～の至るところで	1099	
副 離れて，別々に	1088	
形 円滑に動く，なめらかな	1084	
形 十分な	1082	
副 いつでも，絶えず	1094	

学習日　　　　月　　　　日

単語	1回目	2回目	3回目	意味
1121 bite [baɪt]	→			動 (を)かむ，(を)刺す
1122 fault [fɔːlt]	→			名 責任，欠点
1123 foreigner [fɔ́(ː)rənər]	→			名 外国人
1124 eyesight [áɪsàɪt]	→			名 視力
1125 reminder [rɪmáɪndər]	→			名 リマインダー， 思い起こさせるもの
1126 forecast [fɔ́ːrkæst]	→			名 (天気)予報，予測
1127 scholarship [skɑ́(ː)lərʃɪp]	→			名 奨学金，学識
1128 breeze [briːz]	→			名 そよ風
1129 sculpture [skʌ́lptʃər]	→			名 彫刻(作品)
1130 exception [ɪksépʃən]	→			名 例外
1131 luggage [lʌ́gɪdʒ]	→			名 手荷物， 旅行用スーツケース
1132 altitude [ǽltɪtjùːd]	→			名 高度，海抜
1133 handout [hǽndàʊt]	→			名 配付資料
1134 lens [lenz]	→			名 レンズ
1135 masterpiece [mǽstərpìːs]	→			名 傑作，名作
1136 stranger [stréɪndʒər]	→			名 見知らぬ人，他人
1137 illustration [ìləstréɪʃən]	→			名 挿絵，説明画
1138 accomplishment [əkɑ́(ː)mplɪʃmənt]	→			名 業績，成果
1139 chest [tʃest]	→			名 胸(部)
1140 heartbeat [hɑ́ːrtbìːt]	→			名 心臓の鼓動

❀ 記憶から引き出す

意　味	ID	単語を書こう
名 胸（部）	1139	
名 傑作，名作	1135	
名 心臓の鼓動	1140	
名 レンズ	1134	
名 見知らぬ人，他人	1136	
名 外国人	1123	
名 挿絵，説明画	1137	
名 手荷物，旅行用スーツケース	1131	
名 そよ風	1128	
名 視力	1124	

意　味	ID	単語を書こう
名 責任，欠点	1122	
名 高度，海抜	1132	
名 彫刻（作品）	1129	
名 奨学金，学識	1127	
名 配付資料	1133	
動 （を）かむ，（を）刺す	1121	
名 例外	1130	
名 リマインダー，思い起こさせるもの	1125	
名 業績，成果	1138	
名 （天気）予報，予測	1126	

単語編

でる度
C
↓
1121
〜
1140

❀ Unit 56の復習テスト ▸ わからないときは前Unitで確認しましょう。

意　味	ID	単語を書こう
動 代わりをする，を代わりに用いる	1115	
動 邪魔する，干渉する	1118	
動 （を）予測する，（を）予言する	1104	
動 に埋め合わせをする	1119	
動 を継ぐ，を相続する	1108	
動 を承認する，良いと認める	1117	
動 （義務や税）を課す	1113	
動 を認める	1102	
動 を犠牲にする	1109	
動 通勤［通学］する	1106	

意　味	ID	単語を書こう
動 崩壊する	1116	
動 を指揮する，を向ける	1101	
動 を保証する	1114	
動 を後悔する	1103	
動 をほのめかす，を暗に示す	1110	
動 （映画などで）を主演させる，（新聞などで）を特集する	1120	
動 どなる，叫ぶ	1112	
動 を我慢する，に抵抗する	1107	
動 を許容する，を我慢する，に耐える	1111	
動 咳をする	1105	

学習日　　　　月　　　日

単 語	🦻 1回目	👁 2回目	👁 3回目	意 味
1141 **mask** [mæsk]	→			名 マスク，面
1142 **script** [skrípt]	→			名 台本
1143 **brightness** [bráɪtnəs]	→			名 明るさ，鮮やかさ
1144 **encouragement** [ɪnkə́:rɪdʒmənt]	→			名 励ましとなるもの， 奨励，促進
1145 **profile** [próʊfaɪl]	→			名 プロフィール， 人物紹介，略歴
1146 **joy** [dʒɔɪ]	→			名 喜び，うれしさ
1147 **trade** [treɪd]	→			名 貿易，商売
1148 **value** [vǽljuː]	→			名 価値，値段
1149 **version** [və́:rʒən]	→			名 (製品などの)型， (出版物などの)版
1150 **comment** [kɑ́(ː)mènt]	→			名 論評，意見，コメント
1151 **rumor** [rúːmər]	→			名 うわさ
1152 **fiction** [fíkʃən]	→			名 (架空の)物語， フィクション
1153 **faith** [feɪθ]	→			名 信頼，信用
1154 **duty** [djúːti]	→			名 職務，義務
1155 **proposal** [prəpóʊzəl]	→			名 提案(書)，計画案
1156 **debt** [det]	→			名 借金
1157 **barrier** [bǽriər]	→			名 障壁，障害
1158 **disaster** [dɪzǽstər]	→			名 天災，災難
1159 **cigarette** [sígərèt]	→			名 巻きたばこ
1160 **absolute** [ǽbsəljùːt]	→			形 完全な，絶対的な

✖ 記憶から引き出す

意味	ID	単語を書こう	意味	ID	単語を書こう
图 励ましとなるもの, 奨励, 促進	1144		图 (製品などの)型, (出版物などの)版	1149	
图 論評, 意見, コメント	1150		图 貿易, 商売	1147	
图 借金	1156		图 マスク, 面	1141	
图 明るさ, 鮮やかさ	1143		图 (架空の)物語, フィクション	1152	
图 天災, 災難	1158		图 価値, 値段	1148	
图 台本	1142		图 うわさ	1151	
图 喜び, うれしさ	1146		图 職務, 義務	1154	
形 完全な, 絶対的な	1160		图 巻きたばこ	1159	
图 信頼, 信用	1153		图 障壁, 障害	1157	
图 プロフィール, 人物紹介, 略歴	1145		图 提案(書), 計画案	1155	

✖ Unit 57の復習テスト ▶ わからないときは前Unitで確認しましょう。

意味	ID	単語を書こう	意味	ID	単語を書こう
图 彫刻(作品)	1129		图 (天気)予報, 予測	1126	
图 外国人	1123		图 手荷物, 旅行用スーツケース	1131	
图 例外	1130		图 配付資料	1133	
图 見知らぬ人, 他人	1136		图 責任, 欠点	1122	
图 業績, 成果	1138		图 レンズ	1134	
图 心臓の鼓動	1140		图 奨学金, 学識	1127	
图 そよ風	1128		图 挿絵, 説明画	1137	
图 高度, 海抜	1132		图 リマインダー, 思い起こさせるもの	1125	
動 (を)かむ, (を)刺す	1121		图 胸(部)	1139	
图 視力	1124		图 傑作, 名作	1135	

学習日　　　月　　　日

単語	1回目	2回目	3回目	意味
1161 **independent** [ìndɪpéndənt]	→			形 独立した
1162 **entire** [ɪntáɪər]	→			形 全体の，完全な
1163 **capable** [kéɪpəbl]	→			形 有能な，できる
1164 **previous** [príːviəs]	→			形 以前の，前の，先の
1165 **unclear** [Ànklíər]	→			形 不明確な
1166 **unsure** [Ànʃúər]	→			形 確信がない，確かでない
1167 **unbelievable** [Ànbəlíːvəbl]	→			形 信じられない，驚くほど素晴らしい
1168 **uncomfortable** [ÀnkÁmfətəbl]	→			形 心地の良くない
1169 **spare** [speər]	→			形 余分の，予備の
1170 **exclusive** [ɪksklúːsɪv]	→			形 高級な，排他的な
1171 **rough** [rʌf]	→			形 大まかな，粗い，乱暴な
1172 **farther** [fáːrðər]	→			形 もっと遠い
1173 **ridiculous** [rɪdíkjʊləs]	→			形 ばかげた
1174 **royal** [rɔ́ɪəl]	→			形 王室の，国王[女王]の
1175 **pleasant** [plézənt]	→			形 快い，気持ちの良い
1176 **precious** [préʃəs]	→			形 貴重な，高価な
1177 **nonprofit** [nà(ː)nprá(ː)fət]	→			形 非営利的な
1178 **messy** [mési]	→			形 散らかった，汚い
1179 **romantic** [roʊmǽnṱɪk]	→			形 恋愛の，ロマンチックな，空想的な
1180 **rooftop** [rúːftà(ː)p]	→			形 屋上[屋根]にある

記憶から引き出す

意味	ID	単語を書こう
形 不明確な	1165	
形 もっと遠い	1172	
形 余分の，予備の	1169	
形 独立した	1161	
形 ばかげた	1173	
形 非営利的な	1177	
形 心地の良くない	1168	
形 散らかった，汚い	1178	
形 快い，気持ちの良い	1175	
形 高級な，排他的な	1170	

意味	ID	単語を書こう
形 信じられない，驚くほど素晴らしい	1167	
形 以前の，前の，先の	1164	
形 大まかな，粗い，乱暴な	1171	
形 屋上［屋根］にある	1180	
形 全体の，完全な	1162	
形 王室の，国王［女王］の	1174	
形 恋愛の，ロマンチックな，空想的な	1179	
形 有能な，できる	1163	
形 貴重な，高価な	1176	
形 確信がない，確かでない	1166	

Unit 58の復習テスト

わからないときは前Unitで確認しましょう。

意味	ID	単語を書こう
名 提案（書），計画案	1155	
名 励ましとなるもの，奨励，促進	1144	
名 台本	1142	
名 喜び，うれしさ	1146	
形 完全な，絶対的な	1160	
名 借金	1156	
名 貿易，商売	1147	
名 プロフィール，人物紹介，略歴	1145	
名 マスク，面	1141	
名 天災，災難	1158	

意味	ID	単語を書こう
名 （製品などの）型，（出版物などの）版	1149	
名 信頼，信用	1153	
名 巻きたばこ	1159	
名 障壁，障害	1157	
名 論評，意見，コメント	1150	
名 職務，義務	1154	
名 （架空の）物語，フィクション	1152	
名 価値，値段	1148	
名 明るさ，鮮やかさ	1143	
名 うわさ	1151	

学習日　　　　月　　　日

単語	1回目	2回目	3回目	意 味
1181 **embarrassed** [ɪmbǽrəst]	→			形 きまりの悪い， 恥ずかしい
1182 **ugly** [ʌ́gli]	→			形 醜い，見苦しい
1183 **unwanted** [ʌ̀nwá(ː)nṭɪd]	→			形 不必要な， 望まれていない
1184 **carry-on** [kǽrià(ː)n]	→			形 機内持ち込みの
1185 **shiny** [ʃáɪni]	→			形 光る，光沢のある
1186 **up-to-date** [ʌ̀ptədéɪt]	→			形 最新（式）の
1187 **salty** [sɔ́(ː)lti]	→			形 塩気のある， 塩分の多い
1188 **possibly** [pá(ː)səbli]	→			副 もしかしたら，たぶん
1189 **purely** [pjúərli]	→			副 全く，純粋に， 混じり気なく
1190 **otherwise** [ʌ́ðərwàɪz]	→			副 （接続詞的に）そうでな ければ
1191 **randomly** [rǽndəmli]	→			副 無作為に
1192 **amazingly** [əméɪzɪŋli]	→			副 驚くほど， 驚くべきことに
1193 **visually** [víʒuəli]	→			副 視覚的に，外見は
1194 **individually** [ìndɪvídʒuəli]	→			副 個々に，個別に
1195 **temporarily** [tèmpərérəli]	→			副 一時的に
1196 **exceptionally** [ɪksépʃənəli]	→			副 並外れて，例外として
1197 **halfway** [hæfwéɪ]	→			副 中途で，半分だけ
1198 **objectively** [əbdʒéktɪvli]	→			副 客観的に
1199 **fluently** [flúːəntli]	→			副 流ちょうに
1200 **innocently** [ínəsəntli]	→			副 無邪気に， 知らないふりをして

❈ 記憶から引き出す

意 味	ID	単語を書こう	意 味	ID	単語を書こう
副 全く，純粋に，混じり気なく	1189		副 (接続詞的に) そうでなければ	1190	
副 一時的に	1195		副 もしかしたら，たぶん	1188	
副 無邪気に，知らないふりをして	1200		副 無作為に	1191	
副 驚くほど，驚くべきことに	1192		副 中途で，半分だけ	1197	
形 機内持ち込みの	1184		副 客観的に	1198	
形 塩気のある，塩分の多い	1187		形 不必要な，望まれていない	1183	
副 個々に，個別に	1194		副 視覚的に，外見は	1193	
形 最新 (式) の	1186		副 並外れて，例外として	1196	
副 流ちょうに	1199		形 きまりの悪い，恥ずかしい	1181	
形 醜い，見苦しい	1182		形 光る，光沢のある	1185	

単語編

でる度
C
↓
1181
〜
1200

❈ Unit 59 の復習テスト　　わからないときは前 Unit で確認しましょう。

意 味	ID	単語を書こう	意 味	ID	単語を書こう
形 散らかった，汚い	1178		形 信じられない，驚くほど素晴らしい	1167	
形 王室の，国王 [女王] の	1174		形 貴重な，高価な	1176	
形 以前の，前の，先の	1164		形 確信がない，確かでない	1166	
形 高級な，排他的な	1170		形 屋上 [屋根] にある	1180	
形 余分の，予備の	1169		形 快い，気持ちの良い	1175	
形 全体の，完全な	1162		形 ばかげた	1173	
形 心地の良くない	1168		形 恋愛の，ロマンチックな，空想的な	1179	
形 非営利的な	1177		形 有能な，できる	1163	
形 不明確な	1165		形 独立した	1161	
形 もっと遠い	1172		形 大まかな，粗い，乱暴な	1171	

学習日　　　　月　　　日

単語	1回目	2回目	3回目	意味
1201 **construct** [kənstrʌ́kt]	→			動 を建設する，を組み立てる
1202 **instruct** [ɪnstrʌ́kt]	→			動 に指示する
1203 **escape** [ɪskéɪp]	→			動 逃げる
1204 **divide** [dɪváɪd]	→			動 を分ける，を分割する
1205 **arrest** [ərést]	→			動 を逮捕する
1206 **reject** [rɪdʒékt]	→			動 を拒絶する，を断る
1207 **punish** [pʌ́nɪʃ]	→			動 を罰する
1208 **pretend** [prɪténd]	→			動 (の)ふりをする
1209 **ship** [ʃɪp]	→			動 を送る，を輸送する
1210 **stimulate** [stímjulèɪt]	→			動 を刺激する
1211 **differ** [dífər]	→			動 違う
1212 **accompany** [əkʌ́mpəni]	→			動 に同行する，に伴って起こる
1213 **confess** [kənfés]	→			動 告白する，を告白する
1214 **injure** [índʒər]	→			動 にけがをさせる
1215 **explore** [ɪksplɔ́ːr]	→			動 (を)探検する，(を)調査する
1216 **hug** [hʌg]	→			動 を抱きしめる
1217 **translate** [trǽnsleɪt]	→			動 を翻訳する
1218 **rescue** [réskjuː]	→			動 を救助する
1219 **ignore** [ɪgnɔ́ːr]	→			動 を無視する
1220 **reverse** [rɪvɔ́ːrs]	→			動 を逆にする

❇ 記憶から引き出す

意 味	ID	単語を書こう
動 に指示する	1202	
動 を翻訳する	1217	
動 を建設する，を組み立てる	1201	
動 を無視する	1219	
動 を送る，を輸送する	1209	
動 を分ける，を分割する	1204	
動 を罰する	1207	
動 告白する，を告白する	1213	
動 逃げる	1203	
動 (の)ふりをする	1208	

意 味	ID	単語を書こう
動 を刺激する	1210	
動 を拒絶する，を断る	1206	
動 を逆にする	1220	
動 に同行する，に伴って起こる	1212	
動 (を)探検する，(を)調査する	1215	
動 を逮捕する	1205	
動 違う	1211	
動 にけがをさせる	1214	
動 を抱きしめる	1216	
動 を救助する	1218	

単語編

でる度 **C**
↓
1201
〜
1220

❇ Unit 60の復習テスト　わからないときは前Unitで確認しましょう。

意 味	ID	単語を書こう
副 中途で，半分だけ	1197	
形 不必要な，望まれていない	1183	
副 一時的に	1195	
形 醜い，見苦しい	1182	
副 無邪気に，知らないふりをして	1200	
形 きまりの悪い，恥ずかしい	1181	
副 個々に，個別に	1194	
副 客観的に	1198	
副 視覚的に，外見は	1193	
副 無作為に	1191	

意 味	ID	単語を書こう
形 機内持ち込みの	1184	
副 もしかしたら，たぶん	1188	
副 流ちょうに	1199	
形 塩気のある，塩分の多い	1187	
副 並外れて，例外として	1196	
形 最新(式)の	1186	
形 光る，光沢のある	1185	
副 全く，純粋に，混じり気なく	1189	
副 驚くほど，驚くべきことに	1192	
副 (接続詞的に)そうでなければ	1190	

学習日　　　月　　　日

単 語	1回目	2回目	3回目	意 味
1221 **wrap** [ræp]	→			動 を包む，を巻きつける
1222 **admire** [ədmáɪər]	→			動 を称賛する
1223 **force** [fɔːrs]	→			動 に強いる
1224 **seek** [siːk]	→			動 をさがす，努める，探求する
1225 **conclude** [kənklúːd]	→			動 と結論を下す，を締結する
1226 **criticize** [krítəsàɪz]	→			動 を非難する，を批評する
1227 **protest** [prətést]	→			動 (に)抗議する
1228 **encounter** [ɪnkáuntər]	→			動 に遭遇する，に直面する
1229 **breed** [briːd]	→			動 を飼育する，を栽培する，を繁殖させる
1230 **praise** [preɪz]	→			動 を称賛する，を褒める
1231 **trace** [treɪs]	→			動 (の跡)をたどる，をなぞる
1232 **seal** [siːl]	→			動 に封をする，を密封する
1233 **resemble** [rɪzémbl]	→			動 に似ている
1234 **delight** [dɪláɪt]	→			動 を喜ばせる
1235 **pause** [pɔːz]	→			動 (一時的に)休止する
1236 **demonstrate** [démənstrèɪt]	→			動 を論証する，を実演する，デモをする
1237 **propose** [prəpóuz]	→			動 を提案する，結婚を申し込む
1238 **reflect** [rɪflékt]	→			動 を反射する，を反映する，熟考する
1239 **blow** [blou]	→			動 を吹き飛ばす，を吹く，(風が)吹く
1240 **obey** [oubéɪ]	→			動 (命令・規則など)に従う

✿ 記憶から引き出す

意　味	ID	単語を書こう
動 (に)抗議する	1227	
動 を論証する，を実演する，デモをする	1236	
動 をさがす，努める，探求する	1224	
動 を喜ばせる	1234	
動 に封をする，を密封する	1232	
動 (一時的に)休止する	1235	
動 を反射する，を反映する，熟考する	1238	
動 を称賛する	1222	
動 を非難する，を批評する	1226	
動 を飼育する，を栽培する，を繁殖させる	1229	

意　味	ID	単語を書こう
動 と結論を下す，を締結する	1225	
動 を提案する，結婚を申し込む	1237	
動 (命令・規則など)に従う	1240	
動 (の跡)をたどる，をなぞる	1231	
動 を包む，を巻きつける	1221	
動 に強いる	1223	
動 を吹き飛ばす，を吹く，(風が)吹く	1239	
動 に似ている	1233	
動 を称賛する，を褒める	1230	
動 に遭遇する，に直面する	1228	

単語編

でる度
C
↓
1221
〜
1240

✿ Unit 61の復習テスト　▶ わからないときは前Unitで確認しましょう。

意　味	ID	単語を書こう
動 を逮捕する	1205	
動 を刺激する	1210	
動 を罰する	1207	
動 を無視する	1219	
動 を分ける，を分割する	1204	
動 違う	1211	
動 (の)ふりをする	1208	
動 を救助する	1218	
動 を拒絶する，を断る	1206	
動 を抱きしめる	1216	

意　味	ID	単語を書こう
動 に指示する	1202	
動 (を)探検する，(を)調査する	1215	
動 に同行する，に伴って起こる	1212	
動 を建設する，を組み立てる	1201	
動 を翻訳する	1217	
動 にけがをさせる	1214	
動 逃げる	1203	
動 を逆にする	1220	
動 告白する，を告白する	1213	
動 を送る，を輸送する	1209	

学習日　　　月　　　日

単語	1回目	2回目	3回目	意味
1241 **forbid** [fərbíd]	→			動 を禁止する
1242 **fulfill** [fʊlfíl]	→			動 を実現させる，を果たす
1243 **burst** [bə:rst]	→			動 を破裂 [爆発] させる，破裂 [爆発] する
1244 **ankle** [ǽŋkl]	→			图 足首
1245 **jungle** [dʒʌ́ŋgl]	→			图 ジャングル
1246 **novelist** [ná(:)vəlɪst]	→			图 小説家
1247 **emperor** [émpərər]	→			图 皇帝，天皇
1248 **critic** [krítɪk]	→			图 批評家
1249 **repairperson** [rɪpéərpə̀:rsən]	→			图 修理工
1250 **Buddhist** [búdɪst]	→			图 仏教徒
1251 **warning** [wɔ́:rnɪŋ]	→			图 警告，注意
1252 **revolution** [rèvəlú:ʃən]	→			图 革命
1253 **unit** [jú:nɪt]	→			图 単位，構成部品，ユニット
1254 **housework** [háʊswə̀:rk]	→			图 家事
1255 **path** [pæθ]	→			图 小道，進路
1256 **makeup** [méɪkʌ̀p]	→			图 化粧
1257 **phrase** [freɪz]	→			图 成句，句
1258 **lane** [leɪn]	→			图 車線，路地，小道
1259 **electronics** [ɪlèktrá(:)nɪks]	→			图 エレクトロニクス (産業)，電子工学
1260 **attitude** [ǽtətjù:d]	→			图 態度，考え方

✖ 記憶から引き出す

意 味	ID	単語を書こう
名 皇帝，天皇	1247	
名 単位，構成部品，ユニット	1253	
名 家事	1254	
動 を実現させる，を果たす	1242	
名 ジャングル	1245	
名 批評家	1248	
名 足首	1244	
動 を禁止する	1241	
名 エレクトロニクス（産業），電子工学	1259	
名 仏教徒	1250	

意 味	ID	単語を書こう
動 を破裂［爆発］させる，破裂［爆発］する	1243	
名 成句，句	1257	
名 小説家	1246	
名 修理工	1249	
名 化粧	1256	
名 車線，路地，小道	1258	
名 警告，注意	1251	
名 小道，進路	1255	
名 態度，考え方	1260	
名 革命	1252	

単語編

でる度
C
↓
1241
〜
1260

✖ Unit 62の復習テスト　〉 わからないときは前Unitで確認しましょう。

意 味	ID	単語を書こう
動 と結論を下す，を締結する	1225	
動 を包む，を巻きつける	1221	
動 を吹き飛ばす，を吹く，（風が）吹く	1239	
動 に遭遇する，に直面する	1228	
動 に封をする，を密封する	1232	
動 を提案する，結婚を申し込む	1237	
動 を称賛する，を褒める	1230	
動 に強いる	1223	
動 を非難する，を批評する	1226	
動 を称賛する	1222	

意 味	ID	単語を書こう
動 に似ている	1233	
動 をさがす，努める，探求する	1224	
動 （一時的に）休止する	1235	
動 （に）抗議する	1227	
動 を論証する，を実演する，デモをする	1236	
動 （命令・規則など）に従う	1240	
動 （の跡）をたどる，をなぞる	1231	
動 を飼育する，を栽培する，を繁殖させる	1229	
動 を喜ばせる	1234	
動 を反射する，を反映する，熟考する	1238	

学習日　　　月　　　日

単語	♪ 1回目	👁 2回目	👁 3回目	意味
1261 **border** [bɔ́:rdər]	→			图 国境，境界線
1262 **origin** [ɔ́(:)rɪdʒɪn]	→			图 起源
1263 **manual** [mǽnjuəl]	→			图 説明書，指導書
1264 **lawyer** [lɔ́:jər]	→			图 弁護士
1265 **mission** [míʃən]	→			图 使命，使節(団)
1266 **oxygen** [ɑ́(:)ksɪdʒən]	→			图 酸素
1267 **peak** [pi:k]	→			图 絶頂，頂点，山頂
1268 **volume** [vɑ́(:)ljəm]	→			图 分量，(本の)巻，音量
1269 **explosion** [ɪksplóuʒən]	→			图 爆発
1270 **portion** [pɔ́:rʃən]	→			图 分け前，一部分
1271 **angle** [ǽŋgl]	→			图 角度，角
1272 **media** [mí:diə]	→			图 (the ～)マスメディア
1273 **property** [prɑ́(:)pərti]	→			图 財産，不動産，特性
1274 **corporation** [kɔ̀:rpəréɪʃən]	→			图 大企業，株式会社
1275 **argument** [ɑ́:rgjʊmənt]	→			图 論争，議論，主張
1276 **victim** [víktɪm]	→			图 犠牲者，被害者
1277 **wealth** [welθ]	→			图 富，財産
1278 **psychology** [saɪkɑ́(:)lədʒi]	→			图 心理学
1279 **arctic** [ɑ́:rktɪk]	→			图 (the Arcticで)北極地方
1280 **fare** [feər]	→			图 (乗り物の)運賃

❋ 記憶から引き出す

意 味	ID	単語を書こう
名 (the ___ で)北極地方	1279	
名 使命，使節(団)	1265	
名 富，財産	1277	
名 (the 〜)マスメディア	1272	
名 絶頂，頂点，山頂	1267	
名 国境，境界線	1261	
名 分け前，一部分	1270	
名 犠牲者，被害者	1276	
名 角度，角	1271	
名 分量，(本の)巻，音量	1268	

意 味	ID	単語を書こう
名 (乗り物の)運賃	1280	
名 起源	1262	
名 財産，不動産，特性	1273	
名 心理学	1278	
名 大企業，株式会社	1274	
名 爆発	1269	
名 説明書，指導書	1263	
名 酸素	1266	
名 論争，議論，主張	1275	
名 弁護士	1264	

❋ Unit 63の復習テスト ▶ わからないときは前Unitで確認しましょう。

意 味	ID	単語を書こう
動 を禁止する	1241	
名 小道，進路	1255	
動 を実現させる，を果たす	1242	
名 車線，路地，小道	1258	
名 単位，構成部品，ユニット	1253	
動 を破裂[爆発]させる，破裂[爆発]する	1243	
名 修理工	1249	
名 皇帝，天皇	1247	
名 成句，句	1257	
名 家事	1254	

意 味	ID	単語を書こう
名 ジャングル	1245	
名 革命	1252	
名 態度，考え方	1260	
名 警告，注意	1251	
名 足首	1244	
名 仏教徒	1250	
名 エレクトロニクス(産業)，電子工学	1259	
名 小説家	1246	
名 批評家	1248	
名 化粧	1256	

学習日　　　　月　　　日

単語	1回目	2回目	3回目	意味
1281 **honor** [á(ː)nər]	→			图 光栄，名誉
1282 **necessity** [nəsésəṭi]	→			图 (しばしば ~ies)必需 品，必要性
1283 **essential** [ɪsénʃəl]	→			形 必要不可欠な， 本質的な
1284 **annual** [ǽnjuəl]	→			形 1年間の，年1回の
1285 **jealous** [dʒéləs]	→			形 ねたんで，しっとして
1286 **typical** [típɪkəl]	→			形 典型的な
1287 **sudden** [sʌ́dən]	→			形 突然の
1288 **delicate** [délɪkət]	→			形 繊細な，微妙な
1289 **nuclear** [njúːkliər]	→			形 原子力利用の， 核エネルギーの
1290 **superior** [supíəriər]	→			形 優れた，上位の
1291 **intelligent** [ɪntélɪdʒənt]	→			形 知能の高い，頭の良い
1292 **steady** [stédi]	→			形 安定した，一定した
1293 **awful** [ɔ́ːfəl]	→			形 ひどく悪い，恐ろしい
1294 **raw** [rɔː]	→			形 生の，未処理の
1295 **equally** [íːkwəli]	→			副 同程度に，等しく
1296 **technically** [téknɪkəli]	→			副 技術的に，厳密に言え ば，専門的に
1297 **seldom** [séldəm]	→			副 めったに~ない， まれにしか~ない
1298 **frankly** [frǽŋkli]	→			副 率直に，率直に言って
1299 **unless** [ənlés]	→			接 …でない限り， …でなければ
1300 **beside** [bɪsáɪd]	→			前 ~のそばに

❁ 記憶から引き出す

意　味	ID	単語を書こう	意　味	ID	単語を書こう
形 1年間の，年1回の	1284		形 典型的な	1286	
名 (しばしば ～ies)必需品，必要性	1282		形 繊細な，微妙な	1288	
副 同程度に，等しく	1295		形 安定した，一定した	1292	
形 生の，未処理の	1294		形 原子力利用の，核エネルギーの	1289	
形 知能の高い，頭の良い	1291		副 率直に，率直に言って	1298	
形 必要不可欠な，本質的な	1283		副 技術的に，厳密に言えば，専門的に	1296	
形 突然の	1287		形 優れた，上位の	1290	
形 ねたんで，しっとして	1285		名 光栄，名誉	1281	
前 ～のそばに	1300		副 めったに～ない，まれにしか～ない	1297	
形 ひどく悪い，恐ろしい	1293		接 …でない限り，…でなければ	1299	

単語編

でる度
C
↓
1281
〜
1300

❁ Unit 64の復習テスト　わからないときは前Unitで確認しましょう。

意　味	ID	単語を書こう	意　味	ID	単語を書こう
名 心理学	1278		名 弁護士	1264	
名 使命，使節(団)	1265		名 酸素	1266	
名 分量，(本の)巻，音量	1268		名 大企業，株式会社	1274	
名 起源	1262		名 爆発	1269	
名 分け前，一部分	1270		名 (the ___ で)北極地方	1279	
名 説明書，指導書	1263		名 論争，議論，主張	1275	
名 絶頂，頂点，山頂	1267		名 (乗り物の)運賃	1280	
名 富，財産	1277		名 (the ～)マスメディア	1272	
名 財産，不動産，特性	1273		名 犠牲者，被害者	1276	
名 国境，境界線	1261		名 角度，角	1271	

意 味	ID	単語を書こう	意 味	ID	単語を書こう
形 必要不可欠な，本質的な	1283		形 生（なま）の，未処理の	1294	
副 めったに～ない，まれにしか～ない	1297		副 技術的に，厳密に言えば，専門的に	1296	
形 安定した，一定した	1292		形 1年間の，年1回の	1284	
形 ねたんで，しっとして	1285		形 突然の	1287	
副 同程度に，等しく	1295		形 優れた，上位の	1290	
形 知能の高い，頭の良い	1291		名 光栄，名誉	1281	
形 ひどく悪い，恐ろしい	1293		形 典型的な	1286	
名 （しばしば ～ies）必需品，必要性	1282		接 …でない限り，…でなければ	1299	
形 繊細な，微妙な	1288		形 原子力利用の，核エネルギーの	1289	
前 ～のそばに	1300		副 率直に，率直に言って	1298	

でる度 **A**　よくでる重要熟語

200

学習日　　　　月　　　　日

熟　語	1回目	2回目	意　味
1301 according to ～	→		～によれば
1302 in order to *do*	→		～するために
1303 a number of ～	→		いくらかの～， たくさんの～
1304 lead to ～	→		～につながる， ～に（必然的に）発展する
1305 work on ～	→		～に取り組む
1306 suffer from ～	→		～に苦しむ， ～の病気になる
1307 find out ～	→		（調べて）～を知る， ～がわかる
1308 ask (*A*) for *B*	→		（Aに）Bを求める
1309 be on *A*	→		Aのおごりである
1310 instead of ～	→		～の代わりに， ～しないで
1311 set up ～	→		～を設置する，～を設定 する，～を設立する
1312 come up with ～	→		～を思いつく
1313 in particular	→		特に
1314 pick *A* up	→		Aを（車で）迎えに行く［来 る］
1315 so *A* that *B*	→		とてもAなのでB
1316 too *A* to *do*	→		あまりにAなので～でき ない
1317 ～ as well	→		～もまた
1318 deal with ～	→		（問題）を処理する， （主題など）を扱う
1319 make *A* from *B*	→		B（原料・材料）からA（製 品）を作る
1320 on time	→		時間通りに

熟語編

でる度
A
↓
1301
～
1320

学習日　　　月　　　日

熟　語	1回目	2回目	意　味
1321 provide *A* with *B*	→		AにBを提供する
1322 at least	→		少なくとも
1323 come out	→		外に出る，発売される，(真実などが) 明らかになる
1324 encourage *A* to *do*	→		Aに〜するよう促す [励ます]
1325 hand in 〜	→		〜を提出する
1326 on the other hand	→		他方では，それに反して
1327 a variety of 〜	→		さまざまな〜
1328 be based on 〜	→		〜に基づいている
1329 fill out 〜	→		(書類) に記入する
1330 take part in 〜	→		〜に参加する
1331 up to 〜	→		〜次第で， 〜に (至る) まで
1332 *A* rather than *B*	→		BよりむしろA
1333 be similar to 〜	→		〜と似ている
1334 bring back 〜	→		〜を戻す，〜を持ち帰る
1335 figure out 〜	→		〜を理解する， 〜をわかる
1336 happen to *do*	→		偶然 [たまたま] 〜する
1337 much more 〜	→		(肯定文に付加して) まして〜はいっそうそうだ
1338 no longer 〜	→		もはや〜でない
1339 prevent *A* from *doing*	→		Aが〜するのを防ぐ
1340 so far	→		これまでは

例 文	訳
1305 Researchers have been (　　　　) (　　　　　　　) finding a cure for AIDS.	研究者たちはエイズの治療法発見<u>に取り組ん</u>できた。
1316 The letters in the article are (　　　　) small (　　　　　) (　　　　).	その記事の文字は<u>あまりに</u>小さい<u>ので読め</u>ない。
1306 There are many people (　　　　) (　　　　　) hunger in the world.	世界には飢え<u>に苦しんで</u>いる人が多くいる。
1301 (　　　　　) (　　　　　) the researchers, their discovery in India may be the answer.	研究者たち<u>によれば</u>，インドでの彼らの発見は，その答えになるかもしれない。
1320 Foreign people are surprised that trains in Japan always arrive (　　　　) (　　　　　).	外国人は日本の電車がいつも<u>時間通りに</u>到着することに驚く。
1307 We need to (　　　　) (　　　　　) the cause of the accident.	私たちはその事故の原因<u>を知る</u>必要がある。
1317 He enjoyed the scenery in Finland, and he was attracted to their unique traditions (　　　　) (　　　　　).	彼はフィンランドで景色を楽しみ，彼らの独特な伝統<u>にもまた</u>引き付けられた。
1314 My grandmother (　　　　) me (　　　　) at the station.	祖母が駅に私<u>を迎えに来た</u>。
1310 We decided to stay home (　　　　) (　　　　　) going on a trip.	私たちは旅行に出かける<u>代わりに</u>家にいることにした。
1304 The new system is convenient, but it can (　　　　) (　　　　) crimes.	新しいシステムは便利だが，犯罪<u>につながり</u>うる。
1311 Students (　　　　) (　　　　　) a huge stage for their school festival.	生徒たちは文化祭のために巨大なステージ<u>を設置した</u>。
1318 We have to (　　　　) (　　　　　) the problem immediately.	私たちは直ちにその問題<u>を処理し</u>なければならない。
1315 The professor speaks (　　　　) fast (　　　　　) many students cannot understand her.	その教授は<u>とても</u>早口で話す<u>ので</u>多くの生徒が彼女の言っていることを理解できない。
1319 The shirts are (　　　　) (　　　　　) 100% cotton.	そのシャツは100%綿<u>から作ら</u>れている。
1312 She (　　　　) (　　　　) (　　　　　) a good idea for improving customer service.	彼女は顧客サービスを改善するための良いアイデア<u>を思いついた</u>。
1303 We have (　　　　) (　　　　) (　　　　　) school events in fall.	私たちは秋に<u>いくらかの</u>学校行事がある。
1309 All the cakes and drinks we had at the farewell party (　　　　) (　　　　) our boss.	その送別会で私たちが食べたケーキや飲み物は全て上司<u>のおごりだった</u>。
1308 He (　　　　) his teacher (　　　　) help with his report.	彼はレポートに関して先生に助け<u>を求めた</u>。
1313 I wasn't doing anything (　　　　) (　　　　　) yesterday.	私は昨日は<u>特に</u>何もしていなかった。
1302 He founded a company (　　　　) (　　　　) (　　　　　) (　　　　) his idea to the world.	彼は世界中に自分のアイデア<u>を広めるために</u>会社を設立した。

熟語編

でる度

A

↓

1321
〜
1340

解答 **1305** working on　**1316** too, to read　**1306** suffering from　**1301** According to　**1320** on time　**1307** find out　**1317** as well　**1314** picked, up
1310 instead of　**1304** lead to　**1311** set up　**1318** deal with　**1315** so, that　**1319** made from　**1312** came up with　**1303** a number of　**1309** were on
1308 asked, for　**1313** in particular　**1302** in order to spread

学習日　　月　　日

熟語	1回目	2回目	意味
1341 *A* as well as *B*	→		BだけでなくAもまた
1342 as ～ as possible	→		できるだけ～
1343 by mistake	→		誤って
1344 depend on ～	→		～次第である，～による
1345 get rid of ～	→		～を取り除く，～を処分する
1346 help (*A*) (to) *do*	→		(Aが)～するのを手伝う，(Aが)～するのに役立つ
1347 make sure that …	→		…であることを確実にする，必ず…するようにする
1348 so that *A* can *B*	→		AがBできるように
1349 *A* enough to *do*	→		～するほど十分Aな
1350 along with ～	→		～と一緒に
1351 be aware of ～	→		～に気づいている，～を知っている
1352 be concerned about ～	→		～を心配している，～を気遣っている
1353 be related to ～	→		～に関連している
1354 carry out ～	→		～を実行する
1355 get used to ～	→		～に慣れる
1356 have a look at ～	→		～を見る
1357 in place	→		あるべき場所に，適切で
1358 live on ～	→		～の額の収入で生活する，～を収入源として生活する
1359 manage to *do*	→		何とかして～する
1360 play an important role in ～	→		～で重要な役割を果たす

例 文	訳
1332 Most of the complaints about the product were about the package (　　　) (　　　) the product itself.	その製品に関する苦情のほとんどは，製品自体<u>よりむしろ</u>包装についてであった。
1323 Animals that (　　　) (　　　) at night are called nocturnal animals.	夜に<u>外に出る</u>動物は夜行性動物と呼ばれる。
1335 I can't (　　　) (　　　) what he is trying to say.	私は彼が何を言おうとしているのか<u>を理解</u>できない。
1329 You need to (　　　) (　　　) this form and send it back to me.	あなたはこの用紙<u>に記入して</u>，私に返送する必要がある。
1333 Your idea (　　　) (　　　) (　　　) mine, but I think yours is better.	あなたの考えは私の考え<u>と似ている</u>が，あなたの考えの方が良いと思う。
1331 It's (　　　) (　　　) you whether we go ahead with this plan or not.	この計画を続けるかどうかは君<u>次第</u>だ。
1334 The ringing of the telephone (　　　) her (　　　) to reality.	電話の音が彼女を現実に<u>引き戻した</u>。
1336 I (　　　) (　　　) (　　　) a picture of him in the newspaper.	私は新聞で<u>偶然</u>彼の写真<u>を目にした</u>。
1322 It takes (　　　) (　　　) 30 minutes to get to the station.	駅までは<u>少なくとも</u>30分かかる。
1339 Eating lots of vegetables can (　　　) you (　　　) (　　　) a cold.	たくさんの野菜を食べることであなたが風邪<u>をひくのを防ぐ</u>ことができる。
1337 You should be kind to other people, (　　　) (　　　) to your own family.	他人に優しくしなさい，<u>まして</u>家族には<u>なおさらのことだ</u>。
1340 I have saved 1,000 dollars (　　　) (　　　) this year.	私は今年<u>これまでに</u>1,000ドル貯金している。
1328 The novel (　　　) (　　　) (　　　) a true story.	その小説は実話<u>に基づいている</u>。
1324 The teachers try to (　　　) children (　　　) (　　　) more books.	先生たちは子ども<u>に</u>もっと多くの本<u>を読むよう促す</u>努力をしている。
1321 The school (　　　) students (　　　) lunch in the cafeteria.	その学校は食堂で学生<u>に</u>昼食<u>を提供する</u>。
1326 He faced financial difficulties, but (　　　) (　　　) (　　　) (　　　), he learned a lot from them.	彼は金銭的な困難に直面したが，<u>他方では</u>，そのことから多くのことを学んだ。
1338 The speed of modern aircraft means we (　　　) (　　　) have to take long journeys.	現代の飛行機の速さは，<u>もはや</u>長旅をする必要は<u>ない</u>ことを意味する。
1327 I found an online shop that sells (　　　) (　　　) (　　　) clothes from abroad.	私は<u>さまざまな</u>海外の衣類を売っているオンラインショップを見つけた。
1325 Our teacher has told us that we need to (　　　) (　　　) our report by tomorrow.	先生は私たちに明日までにレポート<u>を提出する</u>必要があると言った。
1330 I (　　　) (　　　) (　　　) the local festival.	私は地元の祭り<u>に参加した</u>。

解答 **1332** rather than **1323** come out **1335** figure out **1329** fill out **1333** is similar to **1331** up to **1334** brought, back **1336** happened to see **1322** at least **1339** prevent, from catching **1337** much more **1340** so far **1328** is based on **1324** encourage, to read **1321** provides, with **1326** on the other hand **1338** no longer **1327** a variety of **1325** hand in **1330** took part in

学習日　　　　月　　　日

熟　語	🔊 1回目	👁 2回目	意　味
1361 prefer A to B	→		BよりAの方を好む
1362 result in ～	→		～に終わる
1363 throw away ～	→		～を捨てる
1364 turn A into B	→		AをBに変える
1365 turn on ～	→		(スイッチなど)をつける, (ガス・水)を出す
1366 a couple of ～	→		2, 3の～
1367 as long as ...	→		…する限りは
1368 be capable of doing	→		～する能力がある, ～することができる
1369 be involved in ～	→		～に参加している, ～に熱中している
1370 break down (～)	→		故障する, ～を壊す
1371 by the end of ～	→		～の終わりまでに
1372 cut down (on) ～	→		～を減らす
1373 end up doing	→		最後には～することになる, 結局～に終わる
1374 find a way to do	→		～する方法を見つける
1375 for a while	→		しばらくの間
1376 in the end	→		最後に(は), 結局
1377 look up ～	→		(単語など)を調べる
1378 look up to ～	→		～を尊敬する
1379 not A but B	→		AではなくB
1380 refer to ～	→		～に言及する, ～に関係する, ～を参照する

例 文	訳
1359 The band was very famous, but she (　　　　) (　　　　) (　　　　) a concert ticket.	非常に有名なバンドだったが，彼女は<u>何とかして</u>コンサートのチケット<u>を手に入れた</u>。
1342 They'll send my order (　　　　) soon (　　　　) (　　　　).	彼らは<u>できるだけ</u>早く私の注文品を送るだろう。
1347 You need to (　　　　) (　　　　) (　　　　) all the computers are off when you leave.	あなたは出るときに<u>必ず</u>全てのコンピューターの電源が切れている<u>ようにする</u>必要がある。
1356 I (　　　　) (　　　　) (　　　　) (　　　　) your report yesterday.	昨日，私はあなたのレポート<u>を見た</u>。
1341 Cigarette smoke is harmful to nonsmokers (　　　　) (　　　　) (　　　　) smokers.	たばこの煙は喫煙者<u>だけでなく</u>非喫煙者<u>にも</u>害がある。
1349 Fast food is tasty and cheap (　　　　) (　　　　) (　　　　) many people.	ファストフードは多くの人々<u>を引き付けるほど十分</u>おいしくて安い。
1354 We will (　　　　) (　　　　) the plan as soon as we are ready.	私たちは準備ができ次第その計画<u>を実行する</u>つもりだ。
1343 I might have put in sugar instead of salt (　　　　) (　　　　).	私は<u>誤って</u>塩の代わりに砂糖を入れたかもしれない。
1355 My sister can (　　　　) (　　　　) (　　　　) a new environment quickly.	私の姉[妹]はすぐに新しい環境<u>に慣れる</u>ことができる。
1345 A major problem facing many countries is how to (　　　　) (　　　　) (　　　　) garbage in the ocean.	多くの国に立ちはだかっている大きな問題とは，いかに海のゴミ<u>を取り除くか</u>ということだ。
1353 The sales of a product (　　　　) not always (　　　　) (　　　　) its value.	商品の売れ行きはいつもその価値に<u>関連している</u>わけではない。
1344 It (　　　　) (　　　　) what kind of job you're interested in.	それはあなたがどんな仕事に興味があるか<u>による</u>。
1358 She (　　　　) (　　　　) just 1,000 dollars a month.	彼女は月にたった1,000ドルの<u>収入で生活している</u>。
1348 She enlarged the picture (　　　　) (　　　　) people (　　　　) see it well.	彼女は人々にその写真がよく見える<u>ように</u>，それを拡大した。
1360 He (　　　　) (　　　　) very (　　　　) (　　　　) (　　　　) getting this contract.	彼はこの契約を得ること<u>において</u>とても<u>重要な役割を果たした</u>。
1350 Some artists' works are displayed (　　　　) (　　　　) their signatures.	何人かの芸術家の作品が彼らの署名<u>と一緒に</u>展示されている。
1346 This online service (　　　　) you (　　　　) (　　　　) time and money.	このオンラインサービスはあなた<u>が</u>時間とお金<u>を節約するのに役立つ</u>。
1351 I (　　　　) not (　　　　) (　　　　) any new changes to the school rules.	私は校則が新しく変わったこと<u>に気づいて</u>いなかった。
1357 Make sure that the tools are (　　　　) (　　　　).	必ず道具は<u>あるべき場所</u>に置くようにしなさい。
1352 These days, many people (　　　　) (　　　　) (　　　　) global environmental problems.	近ごろは多くの人が地球の環境問題<u>を心配している</u>。

熟語編

でる度
A
↓
1361
〜
1380

解答 **1359** managed to get **1342** as, as possible **1347** make sure that **1356** had a look at **1341** as well as **1349** enough to attract **1354** carry out **1343** by mistake **1355** get used to **1345** get rid of **1353** are, related to **1344** depends on **1358** lives on **1348** so that, can **1360** played a, important role in **1350** along with **1346** helps, to save **1351** was, aware of **1357** in place **1352** are concerned about

学習日　　　月　　　日

熟　語	🔊 1回目	👁 2回目	意　味
1381 sell out (〜)	→		〜を売り切る, 売り切れる
1382 stop by (〜)	→		(〜に) ちょっと立ち寄る
1383 take notes	→		メモを取る
1384 take place	→		行われる, 起こる
1385 after all	→		結局 (は)
1386 all the way	→		ずっと, はるばる
1387 apply for 〜	→		〜を申し込む, 〜に出願する
1388 as if ...	→		まるで…のように
1389 at a time	→		一度に
1390 be about to *do*	→		(今にも) 〜しようとして いる
1391 be made (out) of 〜	→		〜でできている, 〜で作られている
1392 become accustomed to 〜	→		〜に慣れる
1393 before long	→		まもなく, すぐに
1394 bring in 〜	→		〜を持ち込む, 〜をもたらす
1395 by accident	→		偶然に
1396 by the time ...	→		…するときまでに (は)
1397 check in	→		(空港で) 搭乗手続きをする, (ホテルで) 宿泊の手続きを する
1398 come across 〜	→		〜を偶然見つける, 〜に偶然出会う
1399 consist of 〜	→		〜で構成されている, 〜から成る
1400 due to 〜	→		〜のために, 〜が原因で

例 文	訳
1379 Playing computer games is ( ) his hobby ( ) his job.	コンピューターゲームをするのは彼の趣味<u>ではなく</u>彼の仕事だ。
1366 I put all the ingredients in the pot and boiled them for ( ) ( ) ( ) minutes.	私は全ての材料を鍋に入れて，<u>2，3分</u>煮た。
1370 I had my watch fixed a few weeks ago, but it has ( ) ( ) again.	腕時計を数週間前に直してもらったが，また<u>故障して</u>しまった。
1372 The couple agreed to ( ) ( ) ( ) their expenses for travel and meals.	夫婦は旅費と食費を<u>減らす</u>ことに同意した。
1375 He kept silent ( ) ( ) ( ) and then gave a big sigh.	彼は<u>しばらくの間</u>沈黙を保ち，それから大きなため息をついた。
1361 I ( ) cooking at home ( ) eating at a restaurant.	私はレストランで食べる<u>より</u>家で料理を<u>することの方を好む</u>。
1374 She ( ) ( ) ( ) ( ) ( ) a better society for elderly people.	彼女は高齢者により良い社会を<u>作る方法を見つけた</u>。
1369 It will be my first time to ( ) ( ) ( ) volunteer activities.	それは私がボランティア活動に<u>参加する</u>初めての機会になる。
1378 I ( ) ( ) ( ) my uncle who runs an international company.	私は国際企業を経営しているおじを<u>尊敬している</u>。
1364 They ( ) the old building ( ) an art gallery.	彼らはその古い建物をアートギャラリー<u>に変えた</u>。
1367 You will pass the exam ( ) ( ) ( ) you study hard.	一生懸命勉強<u>する限り</u>，あなたは試験に合格するだろう。
1373 The car ran through a red light and ( ) ( ) ( ) another car.	その車は赤信号を走り抜け，<u>最後には</u>別の車に衝突することになった。
1363 Some say that people today ( ) ( ) things too easily.	今日の人々は簡単に物を<u>捨て</u>過ぎると言う人々もいる。
1371 We have to finish a report ( ) ( ) ( ) ( ) the week.	私たちは<u>週末までに</u>報告書を仕上げなければならない。
1380 The mayor ( ) ( ) the Summer Festival as an example of a successful event.	市長は成功したイベントの一例として夏祭りに<u>言及した</u>。
1377 I often have to ( ) ( ) new words in the dictionary.	私は，辞書で新しい単語を<u>調べ</u>なければならないことがよくある。
1368 This new computer ( ) ( ) ( ) ( ) images very fast.	この新しいコンピューターはとても素早く画像を<u>処理することができる</u>。
1365 I ( ) ( ) my smartphone after leaving the theater.	私は劇場を出た後にスマートフォンの<u>電源を入れた</u>。
1376 He always tried to do his best, and ( ) ( ) ( ), his business succeeded.	彼は常に最善を尽くすよう努力し，<u>最後には</u>彼の事業は成功した。
1362 The trial flight ( ) ( ) failure.	その試験飛行は失敗に<u>終わった</u>。

熟語編

でる度
A
↓
1381
〜
1400

学習日 　　月　　日

熟　語	♪ 1回目	👁 2回目	意　味
1401 except for ~	→		～を除いては
1402 exchange *A* for *B*	→		AをBと交換する
1403 feel like *doing*	→		～したい気がする
1404 for fear of ~	→		～を恐れて
1405 for long	→		長い間
1406 give *A* a hand	→		Aを手助けする
1407 give in to ~	→		～に屈する
1408 go into ~	→		～を詳しく説明する
1409 go with ~	→		～と合う，～と調和する
1410 had better *do*	→		～する方がよい
1411 if *A* were to *do*	→		仮にAが～するようなことがあれば
1412 in addition to ~	→		～に加えて
1413 in charge of ~	→		～を管理 [担当] して
1414 in other words	→		言い換えれば，つまり
1415 in response to ~	→		～に応えて
1416 in return	→		お返しに
1417 in trouble	→		困った状態で
1418 in turn	→		その結果
1419 make a mistake	→		間違いを犯す
1420 on behalf of ~	→		～を代表して， ～のために

例　文	訳
1381 All the tickets are (　　　　) (　　　　).	チケットは全て<u>売り切れ</u>ている。
1395 I met my high school classmate on the train (　　　　) (　　　　).	私は<u>偶然</u>,電車で高校の同級生に会った。
1384 An annual food festival will (　　　　) (　　　　) in this park in October.	毎年恒例の食の祭典が10月にこの公園で<u>行われる</u>予定だ。
1399 The committee (　　　　) (　　　　) representatives from each club in the school.	その委員会は学校の各クラブの代表者で<u>構成されている</u>。
1396 The game will be over (　　　　) (　　　　) (　　　　) we arrive at the baseball stadium.	私たちが野球場に着く<u>ときまでに</u>試合は終わっているだろう。
1385 I decided not to go to the event (　　　　) (　　　　).	<u>結局</u>私はイベントへ行かないことに決めた。
1392 He has (　　　　) (　　　　) (　　　　) the winter cold in New York.	彼はニューヨークの冬の寒さに<u>慣れた</u>。
1386 I had to stand on the train (　　　　) (　　　　) (　　　　) to the last station.	私は最後の駅まで<u>ずっと</u>電車の中で立っていなければならなかった。
1383 The teacher taught his students how to (　　　　) (　　　　) effectively.	その先生は生徒たちに効果的に<u>メモを取る</u>方法を教えた。
1393 He is a good instructor, so (　　　　) (　　　　) you will be able to skate well.	彼は良い指導者なので,あなたは<u>すぐに</u>上手にスケートができるようになるだろう。
1382 I (　　　　) (　　　　) my old friend's place on my way to Chicago.	私はシカゴに行く途中で旧友の家に<u>立ち寄った</u>。
1398 I (　　　　) (　　　　) a beautiful poem in this book.	私はこの本の中で美しい詩を<u>偶然見つけた</u>。
1388 He felt (　　　　) (　　　　) he was dreaming.	彼は<u>まるで</u>夢を見ている<u>ように</u>感じた。
1400 The delay in the flight's departure was (　　　　) (　　　　) a severe snowstorm in the area.	飛行機の出発が遅れたのは,その地域の猛吹雪<u>のため</u>であった。
1389 It's difficult to focus on more than one thing (　　　　) (　　　　) (　　　　).	<u>一度</u>に複数のことに集中するのは難しい。
1387 In order to (　　　　) (　　　　) this job, I need to fill out this form.	この仕事に<u>申し込む</u>には,この用紙に記入する必要がある。
1391 These notebooks (　　　　) (　　　　) (　　　　) (　　　　) waste paper.	これらのノートは古紙で<u>できている</u>。
1394 Students can (　　　　) (　　　　) their smartphones to our school.	生徒は学校にスマートフォンを<u>持ち込ん</u>でもよい。
1390 I (　　　　) (　　　　) (　　　　) (　　　　) home when the phone rang.	電話が鳴ったとき,私は家<u>を出ようとしていた</u>。
1397 We had better (　　　　) (　　　　) quickly, or we'll miss the flight.	私たちは急いで<u>搭乗手続きをした</u>方がいい,でないと飛行機に乗り遅れてしまうだろう。

熟語編

でる度
A
↓
1401
〜
1420

解答 1381 sold out　1395 by accident　1384 take place　1399 consists of　1396 by the time　1385 after all　1392 become accustomed to 1386 all the way　1383 take notes　1393 before long　1382 stopped by　1398 came across　1388 as if　1400 due to　1389 at a time　1387 apply for　1391 are made out of　1394 bring in　1390 was about to leave　1397 check in

学習日　　月　　日

熟語	1回目	2回目	意味
1421 out of stock	→		在庫切れの
1422 pay attention to ～	→		～に注意を払う
1423 persuade *A* to *do*	→		Aを～するように説得する
1424 point out ～	→		～を指摘する, ～を指し示す
1425 rely on *A* for *B*	→		Bを求めてAを頼る
1426 run out of ～	→		～を使い果たす
1427 sign up for ～	→		(署名して)～に申し込む, ～に登録する
1428 stick to ～	→		～をやり通す, ～にくっつく
1429 take away ～	→		～を持ち[運び]去る
1430 take ～ for granted	→		～を当然のことと考える
1431 tend to *do*	→		～しがちである
1432 turn in ～	→		～を提出する
1433 would rather *do*	→		むしろ～したい
1434 a bunch of ～	→		たくさんの～, 1房[1束, 一連]の～
1435 a wide range of ～	→		広範囲にわたる～, さまざまな～
1436 ahead of ～	→		～より早く, ～に先立って
1437 allow *A* to *do*	→		Aが～するのを許す,(主語によって)Aが～できる
1438 ～, and so on	→		(そして)～など
1439 as follows	→		次[以下]の通り
1440 at the moment	→		(現在形で)今, 現在, (過去形で)そのときに

例　文	訳
1411 (　　　　　) he (　　　) (　　　) (　　　) (　　　　　), I would not wait for him.	<u>仮に</u>彼が遅れる<u>ような</u>ことが<u>あれば</u>，私は彼を待たないだろう。
1404 He couldn't cross the bridge (　　　) (　　　) (　　　) heights.	彼は高さ<u>を恐れて</u>その橋を渡ることができなかった。
1415 They made an online catalog in English (　　　) (　　　) (　　　) demand from abroad.	彼らは海外からの要求<u>に応えて</u>英語のオンラインカタログを作った。
1408 He (　　　) (　　　) the details of the contract.	彼はその契約書の細部<u>を詳しく説明した</u>。
1405 My brother is not going to stay there (　　　) (　　　).	私の兄[弟]はそこに<u>長い間</u>滞在するつもりはない。
1414 This printer doesn't use much ink. (　　　) (　　　) (　　　), it's more efficient.	このプリンターはあまりインクを使わない。<u>言い換えれば</u>，より効率的だ。
1406 My sister (　　　) me (　　　) when I was trying to carry some heavy books.	私が数冊の重い本を運ぼうとしていると，姉[妹]が<u>私を手助けしてくれた</u>。
1403 I don't (　　　) (　　　) (　　　) soccer when it's raining.	雨が降っているとき，私はサッカー<u>をしたい気がしない</u>。
1418 The company lowered the price of their products. This, (　　　) (　　　), generated huge sales.	その会社は製品の値段を下げた。これが，<u>その結果</u>，ばく大な売り上げを生み出した。
1401 The essay was great (　　　) (　　　) a few mistakes in spelling.	いくつかのスペルミス<u>を除いて</u>その小論文は素晴らしかった。
1407 She (　　　) (　　　) (　　　) her father's request and went to college.	彼女は父親の要求<u>に屈して</u>大学に行った。
1417 She always gives me good advice when I'm (　　　) (　　　).	私が<u>困っている</u>とき，彼女はいつも私に良い助言をしてくれる。
1402 I'd like to (　　　) this skirt (　　　) one in a larger size.	このスカート<u>をもっと大きいサイズのものと交換したい</u>。
1410 I think we (　　　) (　　　) (　　　) an expert for advice first.	私たちはまず専門家に助言を<u>求めた方がいい</u>と思う。
1416 I'm thinking of giving her a small gift (　　　) (　　　).	私は<u>お返しに</u>彼女にささやかな贈り物をしようと考えている。
1419 I (　　　) (　　　) (　　　) on the contract.	私は契約書で<u>間違いを犯した</u>。
1412 (　　　) (　　　) (　　　) being intelligent, he is a good athlete.	彼は頭が良い<u>のに加えて</u>，優れたスポーツマンである。
1409 That hat (　　　) (　　　) your shirt.	あの帽子は君のシャツ<u>と合う</u>。
1420 I attended the meeting (　　　) (　　　) (　　　) the company.	私は会社<u>を代表して</u>そのミーティングに参加した。
1413 She is (　　　) (　　　) (　　　) the schedule of all school events.	彼女が全ての学校行事のスケジュール<u>を管理している</u>。

熟語編

でる度
A
↓
1421
〜
1440

解答　**1411** If, were to be late　**1404** for fear of　**1415** in response to　**1408** went into　**1405** for long　**1414** In other words　**1406** gave, a hand
1403 feel like playing　**1418** in turn　**1401** except for　**1407** gave in to　**1417** in trouble　**1402** exchange, for　**1410** had better ask　**1416** in return
1419 made a mistake　**1412** In addition to　**1409** goes with　**1420** on behalf of　**1413** in charge of

学習日　　　　　月　　　日

熟 語	1回目	2回目	意 味
1441 be concerned with ~	→		～に関心がある， ～と関わる
1442 be responsible for ~	→		～の責任がある
1443 be said to be ~	→		～だと言われている
1444 be satisfied with ~	→		～に満足している
1445 behind *one's* back	→		～のいないところで， 陰で
1446 by far	→		(最上級・比較級を強めて)断 然，ずば抜けて
1447 by way of ~	→		～経由で， ～の手段として
1448 catch up with ~	→		～に追いつく
1449 change *one's* mind	→		気が変わる
1450 come to *do*	→		～するようになる
1451 compare *A* with *B*	→		AをBと比べる
1452 concentrate on ~	→		～に集中する
1453 count on ~	→		～を当てにする， ～に頼る
1454 die out	→		死滅する，完全に消える
1455 do away with ~	→		～を廃止する， ～を取り除く
1456 drop in	→		立ち寄る， ひょっこり訪ねる
1457 even if ...	→		たとえ…だとしても
1458 ever since	→		それ以来，その後
1459 find *one's* way (to ~)	→		(～に)たどり着く
1460 for free	→		無料で

例文	訳
1440 She is out (　　　) (　　　) (　　　).	彼女は<u>今</u>, 外出中だ。
1429 The waiter came to (　　　) (　　　) the empty plates.	ウェイターが空いた皿を<u>下げ</u>に来た。
1439 The items we would like to order are (　　　) (　　　).	私たちが注文したい品は<u>次の通り</u>だ。
1436 The plane arrived at the airport 30 minutes (　　　) (　　　) schedule.	その飛行機は予定<u>より</u>30分<u>早く</u>空港に到着した。
1421 The red sweater is (　　　) (　　　) (　　　).	赤色のセーターは<u>在庫切れ</u>だ。
1426 She (　　　) (　　　) (　　　) paper, so she asked her friends for some.	彼女は紙を<u>使い果たした</u>ので, 友人に何枚か求めた。
1435 The store sells (　　　) (　　　) (　　　) (　　　) goods.	その店は<u>さまざまな</u>商品を販売している。
1432 I have to (　　　) (　　　) this report by Wednesday.	私は水曜日までにこの報告書を<u>提出し</u>なければならない。
1425 I (　　　) (　　　) my doctor (　　　) medical advice.	私は医学的助言を<u>求めて</u>医師を<u>頼った</u>。
1427 She (　　　) (　　　) (　　　) a dance lesson after school.	彼女は放課後のダンスレッスンに<u>申し込んだ</u>。
1438 My uncle sells old furniture, secondhand clothes, (　　　) (　　　) (　　　).	私のおじは古い家具や古着<u>など</u>を売っている。
1424 Some educational experts (　　　) (　　　) the importance of fast reading.	速読の重要性を<u>指摘する</u>教育専門家もいる。
1423 His parents (　　　) him (　　　) (　　　) (　　　) studying abroad.	彼の両親は彼を留学を<u>あきらめるように</u><u>説得した</u>。
1431 People (　　　) (　　　) (　　　) a lot of water without thinking.	人々はよく考えずに多くの水を<u>使いがちである</u>。
1422 The traffic accident happened because the driver (　　　) no (　　　) (　　　) the traffic light.	運転手が信号に全く<u>注意を払わなかった</u>ために, その交通事故が起きた。
1433 I (　　　) (　　　) (　　　) home and relax.	私は<u>むしろ</u>家に<u>いて</u>のんびり<u>したい</u>。
1430 You shouldn't (　　　) his kindness (　　　) (　　　).	彼の優しさを<u>当然のことと考える</u>べきではない。
1434 (　　　) (　　　) (　　　) people came to my birthday party last night.	昨夜は<u>たくさんの</u>人が私の誕生日パーティーに来た。
1437 Our school (　　　) students (　　　) (　　　) by bike.	私たちの学校は生徒が自転車で<u>通学する</u>ことを<u>許可している</u>。
1428 If you (　　　) (　　　) the exercise plan, you're sure to lose weight.	もしその運動の計画を<u>やり通せ</u>ば, 必ず体重は減る。

解答 **1440** at the moment **1429** take away **1439** as follows **1436** ahead of **1421** out of stock **1426** ran out of **1435** a wide range of **1432** turn in **1425** relied on, for **1427** signed up for **1438** and so on **1424** point out **1423** persuaded, to give up **1431** tend to use **1422** paid, attention to **1433** would rather stay **1430** take, for granted **1434** A bunch of **1437** allows, to commute **1428** stick to

学習日　　　月　　　日

熟 語	1回目	2回目	意 味
1461 for lack of ～	→		～の不足のために
1462 for sure	→		確かに，間違いなく
1463 from now on	→		今後は
1464 get along with ～	→		～とうまくやっていく
1465 get over ～	→		～から立ち直る，～を克服する
1466 in advance	→		前もって
1467 in danger of ～	→		～の危険にさらされて
1468 in demand	→		需要がある
1469 in fashion	→		流行して
1470 in general	→		一般に，たいてい
1471 in reality	→		実は，実際には
1472 in spite of ～	→		～にもかかわらず
1473 in terms of ～	→		～の観点から
1474 in time (for ～)	→		（～に）間に合うように，やがて
1475 in vain	→		無駄に，むなしく
1476 (just) in case ...	→		…するといけないから，…に備えて
1477 keep *one's* word	→		約束を守る
1478 keep up with ～	→		～に遅れないでついていく
1479 leave ～ behind	→		～を置き忘れる，～を置いていく
1480 let *A* down	→		Aを失望させる

例 文	訳
1448 In some countries, food production has not (　　　　) (　　　　) (　　　　) population growth.	一部の国では，食料生産が人口の増加に<u>追いついて</u>いない。
1457 You will have a second chance (　　　　) (　　　　) you fail this exam.	<u>たとえ</u>この試験に失敗<u>しても</u>，2度目のチャンスがある。
1450 As she got older, she (　　　　) (　　　　) (　　　　) the importance of health.	年を取るにつれて，彼女は健康の重要性を<u>理解するようになった</u>。
1456 I (　　　　) (　　　　) at my uncle's place on my way home.	私は帰宅途中におじのところに<u>立ち寄った</u>。
1460 He repaired my glasses (　　　　) (　　　　).	彼は私の眼鏡を<u>無料で</u>修理した。
1445 He found out that his wife had been complaining about him (　　　　) (　　　　) (　　　　).	彼は妻が<u>陰で</u>彼に関する不満を言っていたことを知った。
1447 I'm going to London (　　　　) (　　　　) (　　　　) Paris.	私はパリ<u>経由で</u>ロンドンに行く予定だ。
1444 Many customers (　　　　) (　　　　) (　　　　) their service.	多くの客が彼らのサービスに<u>満足している</u>。
1449 She (　　　　) (　　　　) (　　　　) and canceled the appointment.	彼女は<u>気が変わって</u>，約束を取り消した。
1459 I managed to (　　　　) (　　　　) (　　　　) (　　　　) the station.	私はどうにか駅に<u>たどり着いた</u>。
1441 In fact, I'm not so (　　　　) (　　　　) world politics.	実際，私はそれほど世界の政治に<u>関心があ</u>るわけではない。
1458 They met in college and have been friends (　　　　) (　　　　).	彼らは大学で出会い<u>それ以来</u>ずっと友だちだ。
1443 This (　　　　) (　　　　) (　　　　) (　　　　) the tallest tower in the world.	これは世界で一番高い塔<u>だと言われている</u>。
1453 Can you finish your report by 3 p.m.? I'm (　　　　) (　　　　) you.	午後3時までに報告書を完成させられるかい？　君を<u>当てにしている</u>よ。
1442 Parents (　　　　) (　　　　) (　　　　) taking care of their children after school.	親は放課後に子どもの面倒を見る<u>責任がある</u>。
1452 Some people say that blue is the color that can help you (　　　　) (　　　　) your study or work.	青は勉強や仕事に<u>集中する</u>ことを助けうる色であると言う人もいる。
1446 She is (　　　　) (　　　　) the fastest runner in our class.	彼女は私たちのクラスで走るのが<u>ずば抜けて</u>速い。
1451 His advice was that I should not (　　　　) my son (　　　　) other children.	彼の助言は，私の息子をほかの子ども<u>と比べる</u>べきではないというものだった。
1454 Why did the dinosaurs (　　　　) (　　　　)?	なぜ恐竜は<u>絶滅した</u>のか。
1455 I wish the company would (　　　　) (　　　　) (　　　　) ties altogether.	私は会社が完全にネクタイを<u>廃止して</u>くれればよいのにと思う。

解答 **1448** caught up with **1457** even if **1450** came to understand **1456** dropped in **1460** for free **1445** behind his back **1447** by way of **1444** are satisfied with **1449** changed her mind **1459** find my way to **1441** concerned with **1458** ever since **1443** is said to be **1453** counting on **1442** are responsible for **1452** concentrate on **1446** by far **1451** compare, with **1454** die out **1455** do away with

熟　語	1回目	2回目	意　味
1481 look through ～	→		(書類・メモなど)にざっと目を通す
1482 make up for ～	→		～の埋め合わせをする
1483 meet *one's* needs	→		～のニーズ[必要性]を満たす
1484 no matter what …	→		何を…しても
1485 not only *A* but (also) *B*	→		AだけでなくBも
1486 on board	→		(乗り物に)乗って
1487 on duty	→		勤務中で
1488 on purpose	→		わざと
1489 on schedule	→		予定通りに
1490 on average	→		概して，平均して
1491 out of order	→		故障して，調子が悪くて，乱れて
1492 pay well	→		給料が良い
1493 plenty of ～	→		多くの～，十分な～
1494 put together ～	→		(考え)をまとめ上げる，～を組み立てる
1495 run into ～	→		～に偶然出会う
1496 speak out	→		はっきりと意見を述べる，大声で話す
1497 stand for ～	→		～を我慢する，(頭文字・記号などが)～の意味を表す
1498 stare at ～	→		～をじっと見る
1499 turn out to be ～	→		～だとわかる
1500 work out	→		運動する

例　文	訳
1478 He found it difficult to (　　　　) (　　　　) (　　　　) the latest technology.	彼は最新の技術に遅れないでついていくのは難しいと思った。
1469 This color is (　　　　) (　　　　) this year.	今年はこの色が流行している。
1462 He will win the contest (　　　　) (　　　　).	間違いなく彼はそのコンテストで優勝するだろう。
1471 He looks young, but (　　　　) (　　　　) he is over 50.	彼は若く見えるが，実は50歳を超えている。
1475 I warned my brother that it was dangerous to travel alone, but it was (　　　　) (　　　　).	兄[弟]に1人で旅行に行くのは危険だと警告したが，無駄だった。
1470 (　　　　) (　　　　), people tend to get angry more easily when they are hungry.	一般的に人々は空腹時に怒りやすい傾向がある。
1468 Air conditioners are greatly (　　　　) (　　　　) in summer.	空調機は夏にとても需要がある。
1465 It took her a long time to (　　　　) (　　　　) the death of her husband.	彼女が夫の死から立ち直るのには長い時間がかかった。
1473 (　　　　) (　　　　) (　　　　) showing the best performance, training is the most vital.	最高のパフォーマンスを見せるという観点からは，訓練が最も肝心だ。
1466 You should call the travel agency at least two weeks (　　　　) (　　　　) to cancel the trip.	旅行をキャンセルするには，少なくとも2週間前に旅行代理店に電話するべきだ。
1480 I didn't want to (　　　　) you (　　　　).	私はあなたを失望させたくはなかった。
1467 Many languages are (　　　　) (　　　　) (　　　　) extinction around the world.	世界中で多くの言語が消滅の危機にさらされている。
1477 I can't trust my brother at all. He never (　　　　) (　　　　) (　　　　).	私は兄[弟]を全く信用できない。彼は決して約束を守らない。
1479 My father (　　　　) his wallet (　　　　) when he left his office.	父は事務所を出るときに財布を置き忘れた。
1464 My sister seems to be (　　　　) (　　　　) (　　　　) her new friends.	私の姉[妹]は新しい友だちとうまくやっているようだ。
1472 The shopping center is being built (　　　　) (　　　　) (　　　　) protests from local residents.	地元住民の抗議にもかかわらず，そのショッピングセンターは建設が進んでいる。
1463 I'll try to study harder (　　　　) (　　　　) (　　　　).	今後はもっと一生懸命に勉強するつもりだ。
1476 I'll take an umbrella with me (　　　　) (　　　　) (　　　　) it rains.	雨が降るといけないから私は傘を持っていこうと思う。
1474 I arrived just (　　　　) (　　　　) (　　　　) dinner.	私はちょうど夕食に間に合うように到着した。
1461 His team lost the baseball game today, but it wasn't (　　　　) (　　　　) (　　　　) effort.	彼のチームは今日野球の試合に負けたが，それは努力不足のためではなかった。

解答 **1478** keep up with **1469** in fashion **1462** for sure **1471** in reality **1475** in vain **1470** In general **1468** in demand **1465** get over **1473** In terms of **1466** in advance **1480** let, down **1467** in danger of **1477** keeps his word **1479** left, behind **1464** getting along with **1472** in spite of **1463** from now on **1476** just in case **1474** in time for **1461** for lack of

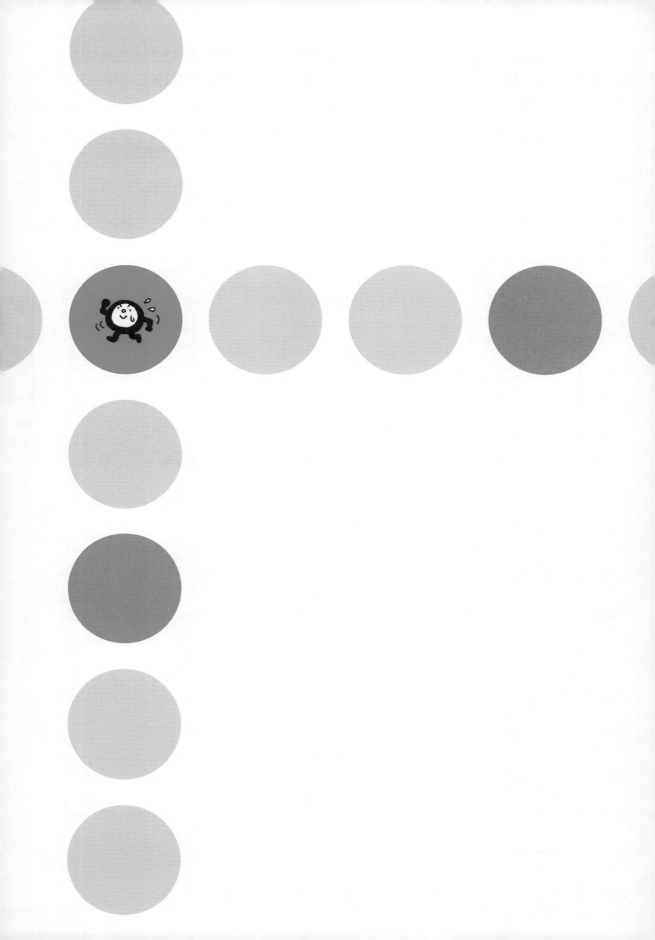

熟語編

学習日　　　月　　　日

熟　語	1回目	2回目	意　味
1501 amount to 〜	→		総計で〜に達する
1502 anything but 〜	→		決して [少しも] 〜でない
1503 as for 〜	→		〜に関しては, 〜はどうかと言えば
1504 as time goes by	→		時間がたつにつれて
1505 be anxious about 〜	→		〜を心配している
1506 be at a loss	→		困っている, 途方に暮れている
1507 be engaged to *A*	→		Aと婚約している
1508 be equal to 〜	→		〜と同等である, 〜と等しい
1509 be guilty of 〜	→		〜の罪を犯している
1510 be known to 〜	→		〜に知られている
1511 be well off	→		裕福である
1512 be worthy of 〜	→		〜に値する, 〜にふさわしい
1513 beyond *one's* reach	→		〜の届く範囲を超えて
1514 by degrees	→		徐々に
1515 by nature	→		生まれつき
1516 call in 〜	→		(医師・専門家など) を呼ぶ
1517 check out	→		(ホテルなどで) 勘定を済ませて出る, チェックアウトする
1518 come down	→		(価格などが) 下がる, 降りてくる
1519 decide on 〜	→		〜を [に] 決める
1520 for a change	→		気分転換に

例 文	訳
1488 I don't believe that he broke the windows (　　　　　) (　　　　　).	彼が<u>わざと</u>窓を割ったなんて私は信じない。
1483 To (　　　　) (　　　　) (　　　　) (　　　　), we need to keep on developing new products.	顧客の<u>ニーズを満たす</u>ため，わが社は新製品の開発を続ける必要がある。
1492 I quit my job because it didn't (　　　　) (　　　　).	<u>給料が良く</u>なかったので，私は仕事を辞めた。
1499 The man we met yesterday (　　　　) (　　　　) (　　　　) (　　　　) Mary's father.	昨日私たちが出会った男性はメアリーの父親だと<u>わかった</u>。
1484 I'm going to study abroad, (　　　　) (　　　　) (　　　　) my parents say.	私の両親が<u>何を言っても</u>私は留学するつもりだ。
1498 I was (　　　　) (　　　　) the cat catching a bird on the ground.	私はネコが地面にいる鳥を捕まえるところ<u>をじっと見て</u>いた。
1481 I (　　　　) (　　　　) the manual before using my new washing machine.	私は新しい洗濯機を使う前に説明書に<u>ざっと目を通し</u>た。
1493 You have (　　　　) (　　　　) opportunities to go to classical concerts in Germany.	ドイツではクラシックコンサートに行く<u>多くの機会</u>がある。
1487 There were only two security guards (　　　　) (　　　　) on the day of the bank robbery.	銀行強盗事件の日に<u>勤務中の</u>警備員は2人だけだった。
1497 If I were you, I wouldn't (　　　　) (　　　　) such an insult.	私だったらそのような侮辱<u>を我慢し</u>ないだろう。
1482 He studied hard to (　　　　) (　　　　) (　　　　) the time he used for playing video games.	彼はテレビゲームをするのに使った時間<u>の埋め合わせをし</u>ようと一生懸命勉強した。
1491 I can't buy a drink because the vending machine is (　　　　) (　　　　) (　　　　).	自動販売機が<u>故障している</u>ため，飲み物が買えない。
1486 He was (　　　　) (　　　　) the 10:20 flight for Boston.	彼は10時20分発のボストン行きの便に<u>乗って</u>いた。
1495 I (　　　　) (　　　　) my old friend when I was out shopping yesterday.	私は，昨日買い物に出ているときに，旧友に<u>偶然出会った</u>。
1500 I think you should (　　　　) (　　　　) regularly if you want to lose weight.	体重を落としたいなら定期的に<u>運動する</u>べきだと思う。
1494 They had only a few weeks to (　　　　) (　　　　) the renovation plan.	彼らには改修計画<u>をまとめ上げる</u>のに数週間しかなかった。
1490 (　　　　) (　　　　), women live longer than men.	<u>概して</u>，女性の方が男性よりも長生きする。
1496 The little girl had the courage to (　　　　) (　　　　) against bullying.	その幼い女の子にはいじめに反対して<u>はっきりと意見を述べる</u>勇気があった。
1489 The trains are running (　　　　) (　　　　).	列車は<u>予定通りに</u>運行している。
1485 Technology will (　　　　) (　　　　) improve productivity (　　　　) (　　　　) lower costs.	科学技術は生産性を向上させる<u>だけでなくコストも下げる</u>だろう。

熟語編

でる度
B
↓
1501
〜
1520

解答 **1488** on purpose **1483** meet our customers' needs **1492** pay well **1499** turned out to be **1484** no matter what **1498** staring at **1481** looked through **1493** plenty of **1487** on duty **1497** stand for **1482** make up for **1491** out of order **1486** on board **1495** ran into **1500** work out **1494** put together **1490** On average **1496** speak out **1489** on schedule **1485** not only, but also

学習日　　　月　　　日

熟語	1回目	2回目	意味
1521 get away (from ~)	→		(~から)離れる，逃げる
1522 go after ~	→		~の後を追う
1523 go along with ~	→		~を支持する， ~と一緒に行く
1524 go over ~	→		~を詳しく調べる
1525 go through ~	→		~を経験する
1526 hand down ~	→		~を後世に残す， ~を伝える
1527 hand out ~	→		~を配る
1528 hold the line	→		電話を切らずに待つ
1529 in a row	→		連続して，1列に
1530 in a sense	→		ある意味で
1531 in *one's* favor	→		~に気に入られて
1532 in search of ~	→		~をさがして， ~を求めて
1533 in the long run	→		長い目で見れば
1534 in the middle of ~	→		~の最中に[で]， ~の真ん中に[で]
1535 look over ~	→		~に目を通す， ~を(ざっと)調べる
1536 lose *one's* way	→		道に迷う
1537 make a difference	→		違いを生む
1538 make do with ~	→		(あり合わせのもの)で済ます
1539 name A (B) after C	→		CにちなんでAを(Bと)名付ける
1540 no more than ~	→		わずか~，~にすぎない

✿ Unit 76 の復習テスト ┃ わからないときは前Unitで確認しましょう。

例　文	訳
1503 (　　　　) (　　　　　　) me, I prefer dogs.	私に関して言えば，犬の方が好きだ。
1516 The doctor (　　　　) (　　　　) another doctor for his opinion.	その医師は意見を聞くために別の医師を呼んだ。
1514 The number of children is decreasing (　　　) (　　　　) here in Japan.	ここ日本では子どもの数が徐々に減っている。
1520 The couple ate out (　　　) (　　　) (　　　).	そのカップルは気分転換に外食した。
1509 He (　　　) (　　　) (　　　) stealing money from the bank.	彼は銀行からお金を盗むという罪を犯している。
1506 He missed the last train and (　　　) (　　　) (　　　) (　　　) what to do.	彼は最終電車に乗り損ねてどうすればよいか困っていた。
1502 He is (　　　) (　　　) quiet.	彼は決して静かではない。
1517 I (　　　) (　　　) from the hotel early and had lunch at the airport.	私は早めにホテルをチェックアウトして，空港で昼食を食べた。
1505 My mother (　　) always (　　　) (　　　) my health.	母はいつも私の健康を心配している。
1512 Her discovery (　　) (　　) (　　) further investigation.	彼女の発見はさらなる研究に値する。
1510 My mother (　　) (　　) (　　) many people as a great teacher.	私の母は素晴らしい教師として多くの人に知られている。
1513 This price is far (　　) (　　) (　　).	この価格は私たちの手の届く範囲をはるかに超えている。
1501 The damage from the earthquake is expected to (　　　) (　　　) at least 68 billion yen.	その地震の被害は，少なくとも総計で680億円に達すると予想される。
1508 The height of the bookshelf (　　) (　　) (　　) my height.	その本棚の高さは私の身長と同等である。
1518 The price of space travel is expected to (　　　) (　　　) greatly in the future.	宇宙旅行の価格は将来大幅に下がると予想されている。
1515 My grandmother is (　　) (　　) a very gentle person.	私の祖母は生まれつきとても穏やかな人だ。
1504 (　　) (　　) (　　) (　　), he began to gain confidence in himself.	時間がたつにつれて，彼は自信を持ち始めた。
1519 After a long discussion, we (　　) (　　) our final goal.	長い話し合いの後，私たちは最終目標を決めた。
1507 He (　　) (　　) (　　) my sister.	彼は私の姉 [妹] と婚約している。
1511 She had a hard time when she was young, but now she (　　) (　　) (　　).	彼女は若いときに苦労したが，現在は裕福である。

熟語編

でる度

B

↓

1521
〜
1540

解答 1503 As for　1516 called in　1514 by degrees　1520 for a change　1509 is guilty of　1506 was at a loss　1502 anything but
1517 checked out　1505 is, anxious about　1512 is worthy of　1510 is known to　1513 beyond our reach　1501 amount to　1508 is equal to
1518 come down　1515 by nature　1504 As time went by　1519 decided on　1507 is engaged to　1511 is well off

173

学習日　　　　月　　　日

熟　語	1回目	2回目	意　味
1541 now that ...	→		今はもう…だから
1542 of *one's* own	→		自分自身の
1543 on account of ～	→		～のために，～によって
1544 on demand	→		要求 [請求] があり次第
1545 on the move	→		発展して
1546 on the spot	→		即座に，その場で
1547 on top of ～	→		(しばしば悪いことについて) ～に加えて，～の上に
1548 out of date	→		時代遅れで [の]
1549 pass on *A* to *B*	→		AをBに伝える
1550 pick out ～	→		～を選び出す
1551 put out ～	→		～を外に出す
1552 refrain from *doing*	→		～するのを慎む
1553 rule out ～	→		～を除外する
1554 run away (from ～)	→		(～から)走り去る， 逃げる
1555 send out ～	→		～を多数発送 [配布] する， ～を派遣する
1556 sit back	→		くつろぐ，深く座る
1557 take after ～	→		(親など)に似ている
1558 take up ～	→		(趣味・仕事として)～を 始める
1559 the last thing (that)...	→		最も…しそうにないこと
1560 to *one's* joy	→		うれしいことに

例　文	訳
1527 The examiner (　　　　　) (　　　　　　　) a test paper to each candidate.	試験官が志願者1人1人に問題用紙<u>を配った</u>。
1535 My teacher (　　　　　) (　　　　　) my essay.	私の先生は私の小論文<u>に目を通した</u>。
1526 This old vase has been (　　　　　) (　　　　　　) through my family for generations.	この古い花瓶は私の家に代々<u>伝わって</u>きたものだ。
1523 I would like to (　　　　) (　　　　) (　　　　　) your proposal.	私はあなたの提案<u>を支持し</u>たい。
1525 My daughter (　　　　) (　　　　) months of hard training before she became a firefighter.	私の娘は何カ月にもわたる厳しい訓練<u>を経験して</u>，消防士になった。
1521 I can't (　　　　) (　　　　) (　　　　　) work tonight because I have so much to do.	することがたくさんあるので今夜は仕事<u>から離れ</u>られない。
1528 He asked me to (　　　　) (　　　　) (　　　　　) for a moment.	彼は私に<u>電話を切らずに</u>少し<u>待つ</u>ように頼んだ。
1522 I saw a woman drop her scarf, so I picked it up and (　　　　　) (　　　　) her.	私は女性がスカーフを落とすのを見たので，それを拾って彼女の<u>後を追った</u>。
1529 He has won five championships (　　　　) (　　　　) (　　　　). I think he'll win this year as well.	彼は5回<u>連続して</u>優勝した。彼は今年も優勝すると思う。
1531 My sister is (　　　　) (　　　　) (　　　　) (　　　　).	私の姉 [妹] は先生<u>に気に入られ</u>ている。
1537 He believes that any small action can (　　　　) (　　　　) (　　　　).	彼はどんな小さな行動でも<u>違いを生む</u>可能性があると信じている。
1530 He is (　　　　) (　　　　) (　　　　) an artist.	彼は<u>ある意味で</u>芸術家だ。
1524 He (　　　　) (　　　　) the plans again and discovered two mistakes.	彼はもう一度その計画表を<u>詳しく調べて</u>，誤りを2つ見つけた。
1540 We get (　　　　) (　　　　) (　　　　) ten minutes to perform.	私たちが演奏する時間は<u>わずか</u>10分だ。
1532 Many people came here (　　　　) (　　　　) (　　　　) gold.	多くの人が黄金<u>をさがして</u>ここにやって来た。
1538 I am going to (　　　　) (　　　　) (　　　　) my old computer for a while.	私はしばらくは古いコンピューター<u>で済ませる</u>つもりだ。
1534 A man interrupted the speaker with a question (　　　　) (　　　　) (　　　　) (　　　　) the speech.	1人の男性がスピーチ<u>の最中に</u>質問をして演説者の話をさえぎった。
1539 He (　　　　) his dog Tom (　　　　) his favorite singer.	彼は自分のお気に入りの歌手<u>にちなんで</u>犬を<u>トムと名付けた</u>。
1533 This is a good idea (　　　　) (　　　　) (　　　　) (　　　　).	<u>長い目で見れば</u>，これは良いアイデアだ。
1536 They (　　　　) (　　　　) (　　　　) on the mountain.	彼らは山中で<u>道に迷った</u>。

解答 **1527** handed out　**1535** looked over　**1526** handed down　**1523** go along with　**1525** went through　**1521** get away from　**1528** hold the line　**1522** went after　**1529** in a row　**1531** in the teacher's favor　**1537** make a difference　**1530** in a sense　**1524** went over　**1540** no more than　**1532** in search of　**1538** make do with　**1534** in the middle of　**1539** named, after　**1533** in the long run　**1536** lost their way

学習日　　　　月　　　　日

熟　語	🔊 1回目	👁 2回目	意　味
1561 to *one's* surprise	→		驚いたことに
1562 turn over ～	→		～を裏返す
1563 watch out for ～	→		～に気をつける， ～を油断なく見張る
1564 what is called	→		いわゆる
1565 above all	→		何よりも
1566 account for ～	→		～の所在がわかっている， ～(の理由)を説明する
1567 accuse *A* of *B*	→		AをBのことで非難[告 訴]する
1568 as a rule	→		通例，概して
1569 as a matter of fact	→		実のところは，実際は
1570 at any cost	→		どんな犠牲を払っても， どんなに費用をかけても
1571 at random	→		無作為に， 手当たり次第に
1572 at most	→		最高[最大]でも， せいぜい
1573 at times	→		時々
1574 back and forth	→		行ったり来たり， 前後(左右)に
1575 be acquainted with ～	→		～と顔見知りである
1576 be engaged in ～	→		～に従事している
1577 be familiar with ～	→		～に精通している
1578 be free from ～	→		～がない
1579 be independent of ～	→		～から独立している
1580 be likely to *do*	→		～しそうである

例　文	訳
1551 The first thing the store manager did was to (　　　　) (　　　　) the advertising sign.	店長が最初にしたことは，看板を外に出すことだった。
1549 He wants to (　　　　) (　　　　) this traditional way of living (　　　　) future generations.	彼はこの伝統的な暮らし方を未来の世代に伝えたいと思っている。
1541 (　　　　) (　　　　) I have a family to support, I have to work hard.	私には今はもう養うべき家族がいるのだから，一生懸命働かないといけない。
1550 There were so many nice blouses that it was hard for me to (　　　) (　　　) one.	あまりにもたくさんの素敵なブラウスがあったので，私には1着を選び出すのが難しかった。
1558 She decided to (　　　) (　　　) sailing.	彼女はセーリングを始めることに決めた。
1545 The city is (　　　) (　　　) (　　　) thanks to its computer industry.	その都市はコンピューター産業のおかげで発展している。
1548 This device is (　　　) (　　　) (　　　).	この装置は時代遅れである。
1542 Many people want to have a house (　　　) (　　　) (　　　).	多くの人々が自分自身の家を持ちたいと思っている。
1547 He was poor and, (　　　) (　　　) (　　　) that, physically weak.	彼は貧しく，それに加えて，病弱だった。
1544 You have to show your passport (　　　) (　　　) in foreign countries.	外国では，要求されたらパスポートを見せなければならない。
1553 We cannot (　　　) (　　　) the possibility that this kind of insect will suddenly become extinct.	私たちはこの種の昆虫が突然絶滅するという可能性を除外することはできない。
1559 Singing on the stage was (　　　) (　　　) (　　　) (　　　) he would do.	ステージで歌うなど，彼が最もしそうにないことだった。
1552 Teachers (　　　) (　　　) (　　　) on the school grounds.	教員たちは学校の敷地内では喫煙するのを慎んでいる。
1556 We (　　　) (　　　) and enjoyed the show.	私たちはくつろいでショーを楽しんだ。
1560 (　　　) (　　　) great (　　　), both my wife and baby are well after childbirth.	大変うれしいことに，産後私の妻と赤ん坊はともに健康だ。
1555 We (　　　) (　　　) invitations to our customers.	私たちは顧客に招待状を発送した。
1557 He (　　　) (　　　) his grandfather.	彼は彼の祖父に似ている。
1543 He resigned (　　　) (　　　) (　　　) illness.	彼は病気のために辞職した。
1554 He (　　　) (　　　) (　　　) the crime scene.	彼は犯行現場から逃げた。
1546 She decided to marry him (　　　) (　　　) (　　　).	彼女は彼と結婚することを即座に決めた。

熟語編

でる度 **B** ↓ 1561 〜 1580

解答　**1551** put out　**1549** pass on, to　**1541** Now that　**1550** pick out　**1558** take up　**1545** on the move　**1548** out of date　**1542** of their own
1547 on top of　**1544** on demand　**1553** rule out　**1559** the last thing that　**1552** refrain from smoking　**1556** sat back　**1560** To my, joy　**1555** sent out　**1557** takes after　**1543** on account of　**1554** ran away from　**1546** on the spot

学習日　　　月　　　日

熟　語	1回目	2回目	意　味
1581 be made up of ~	→		~で構成されている
1582 be obliged to *do*	→		~するよう義務づけられ ている
1583 be reluctant to *do*	→		~することに気が進まな い
1584 be sick of ~	→		~にうんざりしている
1585 be subject to ~	→		~になりやすい, ~を受けやすい
1586 be sure of ~	→		~を確信している
1587 be true of ~	→		~に当てはまる
1588 be typical of ~	→		~に典型的な, ~に特有の
1589 be willing to *do*	→		進んで~する
1590 break into ~	→		~へ(不法に)押し入る, 急に~し始める
1591 break out	→		(災害・戦争などが)発生 する, 勃発する
1592 bring about ~	→		(結果など)を招く, ~を引き起こす
1593 bring down ~	→		~を下げる, ~を落ち込ませる
1594 bring up ~	→		~を育てる
1595 by means of ~	→		~によって
1596 by no means	→		決して~でない
1597 call off ~	→		~を中止する
1598 call on *A*	→		*A*を訪ねる
1599 care for ~	→		~の世話をする, ~を好む
1600 carry on ~	→		~を続ける

例　文	訳
1563 You should （　　　　）（　　　　）（　　　　） traffic when you cross the street.	通りを渡るときは車の往来に気をつけるべきだ。
1577 His mother （　　　　）（　　　　）（　　　　） Japanese customs.	彼の母親は日本の慣習に精通している。
1567 The teacher （　　　　） the boy （　　　　） copying another student's homework.	先生はその男の子をほかの生徒の宿題を写したことで非難した。
1579 Some children can't （　　　　）（　　　　）（　　　　） their parents.	親から自立することができない子どもたちもいる。
1576 No matter what business you （　　　　）（　　　　） （　　　　）, you must be sincere.	どんな事業に従事していても，誠実でなければいけない。
1562 Students were told to （　　　　）（　　　　） the test paper and fill out the blanks.	生徒たちは問題用紙を裏返して空欄を埋めるように言われた。
1574 He was anxiously walking （　　　　）（　　　　）（　　　　） in the living room.	彼は心配そうに居間の中を行ったり来たり歩いていた。
1580 Medical care for elderly people （　　　　）（　　　　） （　　　　）（　　　　） more important.	高齢者のための医療はさらに重要になりそうである。
1570 He decided to carry out the project （　　　　）（　　　　） （　　　　）.	彼はどんな犠牲を払ってもその計画を実行しようと決心した。
1575 He （　　　　）（　　　　）（　　　　） my boss.	彼は私の上司と顔見知りである。
1565 （　　　　）（　　　　）, people should avoid spending a long time staring at a screen.	何よりも，人々はスクリーンを長時間見て過ごすのを避けるべきだ。
1571 I picked up three books （　　　　）（　　　　）.	私は3冊の本を無作為に手に取った。
1578 Everyone hopes that someday the world will （　　　　） （　　　　）（　　　　） hunger.	誰もがいつか世界に飢えがなくなることを望んでいる。
1573 （　　　　）（　　　　）, I miss my friends in my hometown.	時々，私は故郷の友人たちに会えないのを寂しく思う。
1564 That's （　　　　）（　　　　）（　　　　） "afternoon tea" time.	それはいわゆる「アフタヌーンティー」の時間だ。
1568 （　　　　）（　　　　）（　　　　）, we don't return application forms.	通例，私たちは申込用紙を返却しない。
1572 The repair cost will be 50 dollars （　　　　）（　　　　）.	修繕費は最高でも50ドルだろう。
1561 （　　　　）（　　　　）（　　　　）, my daughter will start working in Singapore from next month.	驚いたことに，私の娘は来月からシンガポールで働き始める予定だ。
1566 The teacher made sure that all the students are （　　　　） （　　　　）.	先生は全ての生徒の所在が明らかになっていることを確認した。
1569 He likes cookies. （　　　　）（　　　　）（　　　　） （　　　　）（　　　　）, he bakes some every weekend.	彼はクッキーが好きだ。実のところ，彼は毎週末クッキーを焼く。

熟語編

でる度
B
↓
1581
〜
1600

解答 **1563** watch out for　**1577** is familiar with　**1567** accused, of　**1579** be independent of　**1576** are engaged in　**1562** turn over　**1574** back and forth　**1580** is likely to become　**1570** at any cost　**1575** is acquainted with　**1565** Above all　**1571** at random　**1578** be free from　**1573** At times　**1564** what is called　**1568** As a rule　**1572** at most　**1561** To my surprise　**1566** accounted for　**1569** As a matter of fact

学習日　　　　月　　　日

熟　語	🔊 1回目	👁 2回目	意　味
1601 (close) at hand	→		手元に，近くに
1602 come about	→		(予想外のことが)起こる，生じる
1603 come to light	→		(秘密などが)明るみに出る
1604 cope with ～	→		(難局・問題など)をうまく処理する
1605 drop out	→		(競争から)脱落する，(活動・集団から)身を引く
1606 enable A to do	→		Aが～するのを可能にする，(主語によって)Aは～できる
1607 far from ～	→		決して～でない，～どころではない
1608 for certain	→		確かに(は)
1609 for good	→		永久に
1610 for the time being	→		当分の間
1611 get by	→		何とかやっていく，通り抜ける
1612 go off	→		(警報などが)鳴る
1613 hang up	→		(電話)を切る
1614 have ～ in common	→		共通して～を持つ
1615 have second thoughts	→		考え直す
1616 head for ～	→		～に向かう
1617 hold up ～	→		(交通・生産など)を遅らせる，～を持ち上げる
1618 in comparison with ～	→		～と比べると
1619 in contrast (to ～)	→		(～とは)対照的に
1620 in detail	→		詳細に

例　文	訳
1587 What the critic said (　　　　) particularly (　　　　) (　　　　) my work.	批評家が述べたことは特に私の作品に当てはまる。
1598 He (　　　　) (　　　　) me just before I left the office.	彼は私が事務所を出る直前に私を訪ねてきた。
1582 He (　　　　) (　　　　) (　　　　) (　　　　) work at 9 a.m. every day.	彼は毎日午前9時に仕事を始めるよう義務づけられている。
1585 Prices (　　　　) (　　　　) (　　　　) change without notice.	値段は予告なく変更になりやすい。
1596 Graduating from college is (　　　　) (　　　　) (　　　　) a simple matter.	大学を卒業することは決して簡単なことではない。
1590 Several students saw the man (　　　　) (　　　　) the jewelry shop.	数人の学生が，その男が宝石店へ押し入るのを見た。
1599 We must learn to (　　　　) (　　　　) elderly people properly.	私たちは適切にお年寄りの世話をすることを学ばなければならない。
1588 This kind of behavior will (　　　　) (　　　　) (　　　　) youngsters living in the age of AI.	この種の行動はAI時代を生きる若者の典型となるだろう。
1583 My father (　　　　) at first (　　　　) (　　　　) (　　　　) me go abroad.	当初，私の父親は私を海外に行かせることに気が進まなかった。
1586 I'm (　　　　) (　　　　) your innocence because you were here when the crime took place.	君はその犯罪が起こったときここにいたのだから，僕は君の無罪を確信している。
1584 I'm (　　　　) (　　　　) crowded trains.	満員電車にはうんざりだ。
1594 My mother was (　　　　) (　　　　) in the United States, so she has no problems with English.	私の母はアメリカで育てられたので，英語には全く問題がない。
1592 His carelessness (　　　　) (　　　　) the traffic accident.	彼の不注意がその交通事故を招いた。
1600 The children (　　　　) (　　　　) talking even after the teacher entered the room.	子どもたちは先生が部屋に入ってきた後もおしゃべりを続けた。
1595 We express our thoughts (　　　　) (　　　　) (　　　　) language.	私たちは言語によって自分の考えを表現する。
1581 Our school council (　　　　) (　　　　) (　　　　) (　　　　) ten students representing the school.	当校の生徒会は学校を代表する10人の生徒で構成されている。
1597 We had to (　　　　) (　　　　) our trip to China because of the typhoon.	台風のために，私たちは中国旅行を中止しなければならなかった。
1591 A fire (　　　　) (　　　　) in a factory near my house.	私の家の近くの工場で火災が発生した。
1589 She (　　　　) (　　　　) (　　　　) (　　　　) jobs that others refuse to do.	彼女は人が拒否する仕事を進んで受ける。
1593 Deflation has been (　　　　) (　　　　) prices.	デフレが物価を下げ続けてきた。

熟語編

でる度
B
↓
1601
～
1620

解答 1587 is, true of　1598 called on　1582 is obliged to start　1585 are subject to　1596 by no means　1590 break into　1599 care for 1588 be typical of　1583 was, reluctant to let　1586 sure of　1584 sick of　1594 brought up　1592 brought about　1600 carried on　1595 by means of　1581 is made up of　1597 call off　1591 broke out　1589 is willing to accept　1593 bringing down

学習日　　　　月　　　日

熟 語	♪ 1回目	● 2回目	意 味
1621 in effect		→	事実上
1622 in exchange for ～		→	～と引き換えに
1623 in favor of ～		→	～に賛成して，～のために
1624 in order		→	順序正しく，整理されて
1625 in person		→	(電話・手紙などではなく)直接，じかに
1626 in place of ～		→	～の代わりに
1627 in private		→	内緒で，誰もいないところで
1628 in progress		→	進行中で [の]
1629 in public		→	人前で，公然と
1630 in relation to ～		→	～に関して
1631 in shape		→	体調が良くて
1632 in short		→	手短に言えば，要するに
1633 in the face of ～		→	～に直面して，～にもかかわらず
1634 in the first place		→	そもそも，まず初めに
1635 in the meantime		→	その間に
1636 in use		→	使われて
1637 no wonder ...		→	…は全く不思議ではない
1638 keep ～ in mind		→	～を心に留める
1639 keep in touch with ～		→	～と連絡 [接触] を保つ
1640 keep off ～		→	～に近寄らない，～を避ける

例　文	訳
1616 I'm (　　　) (　　　) the mountains to observe birds and flowers.	私は鳥や花を観察するために山<u>へ向かっている</u>。
1619 (　　　) (　　　) (　　　) last winter, we had heavy snowfall this winter.	昨冬<u>とは対照的に</u>，この冬はたくさん雪が降った。
1601 I can't look up the word because I don't have a dictionary (　　) (　　) (　　).	辞書が<u>手元に</u>ないので，私はその単語を調べられない。
1620 He described the accident (　　　) (　　　).	彼は事故のことを<u>詳細に</u>述べた。
1615 The manufacturer is (　　) (　　) (　　) about launching a new version of the game.	製造業者は，そのゲームの新バージョンを発売することについて<u>考え直し</u>つつある。
1605 He got injured and had to (　　) (　　) in the middle of the race.	彼はけがをして，レースの途中で<u>棄権し</u>なければならなかった。
1611 I have trouble (　　) (　　) on my small salary.	私は少ない給料で<u>やっていく</u>のに苦労している。
1604 The new manager (　　) (　　) a difficult situation.	新しい部長は難局<u>をうまく処理し</u>た。
1609 He went to the United States (　　) (　　).	彼はアメリカに行ったきり<u>永久に</u>帰ってこなかった。
1612 My alarm clock failed to (　　) (　　) this morning.	今朝，私の目覚まし時計は<u>鳴ら</u>なかった。
1618 (　　) (　　) (　　) Japan, the cost of food in the U.S. is low.	日本<u>と比べると</u>，アメリカの食費は安い。
1613 I had to (　　) (　　) the phone to take care of my baby.	私は赤ちゃんの世話をするために電話を<u>切ら</u>ないといけなかった。
1603 It (　　) (　　) (　　) that someone was cheating during the exam.	試験の間，誰かがカンニングをしていたことが<u>発覚した</u>。
1607 The explanation for their delay was (　　) (　　) satisfactory.	彼らの遅延に対する釈明は<u>決して</u>満足できるもの<u>ではなかった</u>。
1610 I plan to stay in this town (　　) (　　) (　　) (　　).	<u>当分の間</u>，私はこの町に滞在する予定だ。
1606 The progress of AI will (　　) us (　　) (　　) on creative jobs.	AIの発展は私たち<u>が</u>創造的な仕事に<u>焦点を絞ることを可能にする</u>だろう。
1602 Luckily, no one was in the plant when the explosion (　　) (　　).	爆発が<u>起こった</u>とき，幸運にも誰もその工場にはいなかった。
1617 The bad weather (　　) (　　) our departure.	悪天候が私たちの出発を<u>遅らせた</u>。
1614 My father and I (　　) a lot (　　) (　　).	父と私にはたくさんの<u>共通点がある</u>。
1608 I don't know (　　) (　　) how he made his fortune.	私は彼がどのように財産を作ったか<u>確かには</u>知らない。

解答 1616 heading for　1619 In contrast to　1601 close at hand　1620 in detail　1615 having second thoughts　1605 drop out　1611 getting by　1604 coped with　1609 for good　1612 go off　1618 In comparison with　1613 hang up　1603 came to light　1607 far from　1610 for the time being　1606 enable, to focus　1602 came about　1617 held up　1614 have, in common　1608 for certain

学習日　　　　　月　　　日

熟　語	🔈 1回目	👁 2回目	意　味
1641 keep track of ～	→		～を見失わないようにする，（人の動向など）に注意している
1642 lay off ～	→		～を一時的に解雇する
1643 leave *A* alone	→		Aを放っておく
1644 live up to ～	→		（期待など）に応える，～に従って生きる［行動する］
1645 long for ～	→		～に思い焦がれる，～を熱望する
1646 look down on ～	→		～を見下す
1647 look into ～	→		～を調べる，～をのぞき込む
1648 major in ～	→		～を専攻する
1649 make an appointment	→		（人と会う）約束をする
1650 make fun of ～	→		～をからかう
1651 make *one's* way	→		前進する，成功する
1652 make sense	→		道理にかなう，意味が通じる
1653 make up *one's* mind	→		決心する，判断を下す
1654 make use of ～	→		～を利用［活用］する
1655 none of *one's* business	→		～には関係ない
1656 not to mention ～	→		～は言うまでもなく
1657 on *one's* own	→		独力で，1人で
1658 on the condition that ...	→		…という条件で，もし…なら
1659 on the contrary	→		それどころか，それと逆に
1660 on the whole	→		全体的に見て，概して

例　文	訳
1622 She bought me lunch (　　　　) (　　　　) (　　　　) helping her.	彼女を手伝うのと引き換えに，彼女は私に昼食をおごってくれた。
1639 I use e-mail to (　　　　) (　　　　) (　　　　) (　　　　) my father in the United States.	私はアメリカにいる父と連絡を取るのにEメールを使っている。
1632 (　　　　) (　　　　), you should break up with him.	手短に言えば，彼とは別れるべきだ。
1627 Is there anywhere we can speak (　　　　) (　　　　)?	どこか内緒で話をできるところはありますか。
1636 I wanted to do some research, but all the computers were (　　　　) (　　　　).	私は調べ物をしたかったが，全てのコンピューターが使われていた。
1640 The park manager told the children to (　　　　) (　　　　) the grass.	公園管理人が子どもたちに芝生に近寄らないようにと言った。
1625 It is important to talk (　　　　) (　　　　) if the topic is delicate.	話題が繊細な場合は直接話すことが重要である。
1630 I have no objection (　　　　) (　　　　) (　　　　) that point.	私はその点に関して，全く異論はない。
1623 The committee was (　　　　) (　　　　) (　　　　) the government's new policy.	委員会は政府のその新しい政策に賛成していた。
1628 Students need to be quiet when a test is (　　　　) (　　　　).	テストが進行中のときは生徒は静かにする必要がある。
1638 I always (　　　　) this lesson (　　　　) (　　　　).	私は常にこの教訓を心に留めている。
1635 (　　　　) (　　　　) (　　　　), she got over her illness.	そうこうする間に彼女は病気から回復した。
1621 (　　　　) (　　　　), what he said means nothing.	事実上，彼の言ったことは何の意味もない。
1624 She arranged the books on the shelf (　　　　) (　　　　).	彼女は本を順序正しく棚に並べた。
1626 They used silk (　　　　) (　　　　) (　　　　) cotton.	彼らは木綿の代わりに絹を使用した。
1629 My father is open with his feelings (　　　　) (　　　　).	私の父は人前で感情をおおっぴらに表す。
1637 (　　　　) (　　　　) she looks so depressed, as her father just passed away.	父親を亡くしたばかりでは，彼女があれほど落ち込んでいるように見えるのは全く不思議ではない。
1633 She never gives up (　　　　) (　　　　) (　　　　) (　　　　) any difficulties.	彼女はどんな困難に直面しても決してあきらめない。
1634 I didn't want to come to this party (　　　　) (　　　　) (　　　　).	私はそもそもこのパーティーには来たくなかった。
1631 She goes to the gym every day to stay (　　　　) (　　　　).	彼女は体調が良い状態を保つために毎日ジムへ行く。

熟語編

でる度
B
↓
1641
～
1660

解答 **1622** in exchange for **1639** keep in touch with **1632** In short **1627** in private **1636** in use **1640** keep off **1625** in person **1630** in relation to **1623** in favor of **1628** in progress **1638** keep, in mind **1635** In the meantime **1621** In effect **1624** in order **1626** in place of **1629** in public **1637** No wonder **1633** in the face of **1634** in the first place **1631** in shape

熟　語	1回目	2回目	意　味
1661 one (〜) after another	→		(〜を)次々と，1つずつ
1662 one by one	→		1つずつ，順番に
1663 out of control	→		制御しきれなくなって
1664 owing to 〜	→		〜のために，〜の理由で
1665 pass away	→		(人が)亡くなる，過ぎ去る
1666 prohibit *A* from *doing*	→		Aが〜するのを禁止する
1667 provided that ...	→		もし…なら，…という条件で
1668 pull off 〜	→		〜をやってのける，〜を引っ張って取る
1669 put an end to 〜	→		〜を終わらせる
1670 put aside 〜	→		〜を脇に置いておく，(問題など)を考えないことにする
1671 put away 〜	→		〜を片付ける
1672 put 〜 into practice	→		〜を実行する
1673 put off 〜	→		〜を延期する
1674 put up with 〜	→		〜を我慢する
1675 remind *A* of *B*	→		AにBを思い起こさせる
1676 run through 〜	→		〜をざっとおさらいする
1677 settle down	→		身を固める，落ち着く
1678 shake hands	→		握手をする
1679 show off 〜	→		〜を見せびらかす
1680 show up (〜)	→		姿を見せる，現れる，〜を目立たせる

例 文	訳
1649 I (　　　) (　　　) (　　　) with my client next Monday morning.	私は来週の月曜日の午前中に顧客と<u>会う約束をした</u>。
1654 I (　　　) (　　　) (　　　) my experience of staying in Canada to get a job.	私は仕事を得るためにカナダ滞在の経験<u>を利用した</u>。
1643 When I'm angry, she just (　　　) me (　　　).	私が怒っているとき，彼女はただ私<u>を放っておいて</u>くれる。
1645 Elderly people have a tendency to (　　　) (　　　) their youth.	年配の人たちは青年時代<u>に思い焦がれる</u>傾向がある。
1658 He lent me the money (　　　) (　　　) (　　　) (　　　) I pay it back in a month.	1カ月後に返済する<u>という条件で</u>，彼はお金を貸してくれた。
1646 We should not (　　　) (　　　) (　　　) others.	他人<u>を見下す</u>べきではない。
1655 It's (　　　) (　　　) (　　　) (　　　).	それはあなた<u>には関係のない</u>ことだ。
1642 Because the company has not made a profit for years, many employees were (　　　) (　　　).	その会社は何年も利益を出していないので，多くの従業員<u>が一時解雇</u>された。
1647 The police are (　　　) (　　　) the case.	警察がその事件<u>を調べて</u>いる。
1644 She is studying hard to (　　　) (　　　) (　　　) her parents' expectations.	彼女は両親の期待<u>に応える</u>ため，懸命に勉強している。
1648 She decided to (　　　) (　　　) biology at college.	彼女は大学で生物学<u>を専攻する</u>ことに決めた。
1656 Her handwriting is terrible, (　　　) (　　　) (　　　) (　　　) her spelling.	彼女の語のつづり方は<u>言うまでもなく</u>，筆跡もひどい。
1641 It is difficult to (　　　) (　　　) (　　　) time.	時間の経過<u>を常に追う</u>のは難しい。
1653 I can't (　　　) (　　　) (　　　) (　　　) which car to buy.	私はどの車を買うか<u>決心</u>できない。
1657 She wondered if she could organize a party (　　　) (　　　) (　　　).	彼女は<u>独力で</u>パーティーの準備ができるかしらと思った。
1652 The new plan (　　　) no (　　　) at all.	その新しい計画は全く<u>道理にかなって</u>いない。
1660 The movie I saw yesterday was, (　　　) (　　　) (　　　), very good.	昨日私が見た映画は，<u>全体的に</u>とても良かった。
1651 They (　　　) (　　　) (　　　) through the jungle.	彼らはジャングルの中を<u>前進した</u>。
1659 He's not my friend. (　　　) (　　　) (　　　), he's my enemy.	彼は私の友人ではない。<u>それどころか</u>，彼は私の敵だ。
1650 Stop (　　　) (　　　) (　　　) me!	僕を<u>からかう</u>のはやめろ！

熟語編

でる度 **B**
↓
1661
〜
1680

解答 **1649** made an appointment **1654** made use of **1643** leaves, alone **1645** long for **1658** on the condition that **1646** look down on **1655** none of your business **1642** laid off **1647** looking into **1644** live up to **1648** major in **1656** not to mention **1641** keep track of **1653** make up my mind **1657** on her own **1652** makes, sense **1660** on the whole **1651** made their way **1659** On the contrary **1650** making fun of

学習日　　　　月　　　日

熟 語	1回目	2回目	意 味
1681 sit up	→		(寝ないで)起きている
1682 sooner or later	→		遅かれ早かれ
1683 speak up	→		もっと大きな声で話す, はっきりと意見を述べる
1684 stand by (〜)	→		待機する, 〜を支援する
1685 stand out	→		目立つ
1686 sum up 〜	→		〜を要約する, 〜を合計する
1687 take advantage of 〜	→		(機会・状況など)を利用する, 〜につけ込む
1688 take *one's* place	→		〜の代理を務める
1689 take over 〜	→		(職・責任など)を引き継ぐ, 〜を支配する
1690 tell *A* from *B*	→		AをBと見分ける
1691 There is no *doing*	→		〜することはできない
1692 think over 〜	→		〜をじっくり考える
1693 to some extent	→		ある程度まで
1694 to the point	→		的を射た
1695 try out 〜	→		〜を試験する, 〜の効果を試す
1696 turn away 〜	→		(顔・目など)をそらす
1697 turn up (〜)	→		姿を現す, (音量など)を大きくする
1698 upside down	→		逆さまに, ひっくり返して
1699 use up 〜	→		〜を使い果たす
1700 wear out (〜)	→		すり減る, (〜を)すり減らす

例　文	訳
1678 We (　　　　) (　　　　　) with a smile.	私たちは笑顔で<u>握手をした</u>。
1664 Our flight was delayed (　　　　) (　　　　　) the heavy snow.	大雪<u>のために</u>私たちの飛行機が遅れた。
1667 I'll go skiing with you (　　　　) (　　　　　) you teach me how to ski.	滑り方を教えてくれる<u>のなら</u>，私はあなたとスキーに行く。
1665 My grandfather had been ill for some time and (　　　　) (　　　　) last week.	私の祖父はしばらくの間病気だったが，<u>先週亡くなった</u>。
1675 The song always (　　　　) me (　　　　) my school days.	その歌はいつも私に学生時代<u>を思い起こさせる</u>。
1668 They (　　　　) (　　　　) the tough project.	彼らは困難な事業を<u>やってのけた</u>。
1672 We are ready to (　　　　) the plan (　　　　) (　　　　).	私たちはその計画を<u>実行する</u>準備ができている。
1661 He ate (　　　　) cookie (　　　　) (　　　　).	彼はクッキー<u>を次々と</u>食べた。
1676 We (　　　　) (　　　　) the play one more time before the real performance.	私たちは本番の前にもう一度，芝居<u>をざっとおさらいした</u>。
1674 We don't have to (　　　　) (　　　　) (　　　　) his selfishness.	私たちは彼の身勝手<u>を我慢する</u>必要はない。
1663 The TV news says the forest fire is completely (　　　　) (　　　　) (　　　　).	テレビニュースによれば，その山火事は完全に<u>制御しきれなくなって</u>いるとのことだ。
1677 He decided to get married and (　　　　) (　　　　).	彼は結婚して<u>身を固める</u>決意をした。
1662 We discussed these issues (　　　　) (　　　　) (　　　　).	私たちはこれらの問題を<u>1つずつ</u>話し合った。
1670 She decided to (　　　　) her work (　　　　) and take a rest.	彼女は仕事を<u>脇に置いておき</u>，休憩することにした。
1673 The Sports Day was (　　　　) (　　　　) due to rain.	運動会は雨で<u>延期</u>された。
1669 She (　　　　) (　　　　) (　　　　) (　　　　) the fight between her brothers.	彼女は兄弟のけんか<u>を終わらせた</u>。
1671 My mother told me to (　　　　) the dishes (　　　　) in the cupboard.	母は私に，戸棚に皿を<u>片付ける</u>ように言った。
1680 Only a few people (　　　　) (　　　　) for her farewell party.	彼女の送別会にはわずか数人しか<u>姿を見せ</u>なかった。
1666 There are more and more countries that (　　　　) people (　　　　) (　　　　) inside buildings.	人々<u>が</u>建物内で<u>喫煙するのを禁止する</u>国がますます増えている。
1679 That rich boy loves to (　　　　) (　　　　) his sports car.	あの金持ちの少年は，自分のスポーツカー<u>を見せびらかす</u>のが大好きだ。

熟語編

でる度
B
↓
1681
〜
1700

解答 **1678** shook hands **1664** owing to **1667** provided that **1665** passed away **1675** reminds, of **1668** pulled off **1672** put, into practice **1661** one, after another **1676** ran through **1674** put up with **1663** out of control **1677** settle down **1662** one by one **1670** put, aside **1673** put off **1669** put an end to **1671** put, away **1680** showed up **1666** prohibit, from smoking **1679** show off

例　文	訳
1697 She (　　　　) (　　　　　　) at the party wearing a blue dress.	彼女は青いドレスを着てパーティーに<u>姿を現した</u>。
1687 We (　　　　) (　　　　) (　　　　　) the fine weather to go to the beach.	私たちは良い天気<u>を利用して</u>ビーチへ出かけた。
1682 He will clean up his room (　　　　) (　　　　) (　　　　).	彼は<u>遅かれ早かれ</u>部屋を片付けるだろう。
1696 When I looked at her, she (　　　　) her face (　　　　) from me.	私が彼女を見ると，彼女は私から顔<u>を背けた</u>。
1684 A nurse was (　　　　) (　　　　) at the stadium to take care of injured athletes.	負傷した選手を手当てするために，競技場には看護師が<u>待機して</u>いた。
1695 We (　　　　) (　　　　) the new product.	私たちは新製品<u>を試験した</u>。
1681 She (　　　　) (　　　　) all night attending to her sick mother.	彼女は一晩中<u>起きて</u>病気の母を看病した。
1700 The soles of your shoes are going to (　　　　) (　　　　) sooner or later.	遅かれ早かれ，あなたの靴の底は<u>すり減る</u>だろう。
1690 I couldn't (　　　　) the real diamond (　　　　) the fake one.	私は本物のダイヤモンド<u>を</u>偽物のダイヤモンド<u>と見分け</u>られなかった。
1694 Good instructions should be short and (　　　　) (　　　　) (　　　　).	良い指示というものは，短くて<u>的を射て</u>いなくてはならない。
1691 (　　　　) (　　　　) (　　　　) (　　　　) where he lives now.	彼が今どこに住んでいるのか<u>を知ること</u>はできない。
1698 You should not hold the box (　　　　) (　　　　).	その箱を<u>逆さまに</u>持つべきではない。
1686 The teacher (　　　　) (　　　　) the lesson in a few minutes.	先生は2，3分で授業<u>を要約した</u>。
1692 The history teacher gave the students ten minutes to (　　　　) (　　　　) their answers.	歴史の先生は生徒たちに答え<u>をじっくり考える</u>ための時間を10分与えた。
1699 I need to be careful not to (　　　　) (　　　　) all of my money.	私はお金<u>を</u>全部<u>使い果たさ</u>ないよう気をつける必要がある。
1683 The audience asked the speaker to (　　　　) (　　　　) because they couldn't hear her.	聴衆は話者の声が聞こえなかったので，彼女に<u>もっと大きな声で話す</u>よう求めた。
1689 He wants to (　　　　) (　　　　) our oil business.	彼は，私たちの石油事業<u>を引き継ぎ</u>たいと思っている。
1685 The hotel is a sixty-story building so it really (　　　　) (　　　　).	そのホテルは60階建てのビルなので，本当に<u>目立つ</u>。
1693 His story is true (　　　　) (　　　　) (　　　　).	彼の話は<u>ある程度までは</u>真実だ。
1688 Because I was sick, my boss (　　　　) (　　　　) (　　　　).	私の具合が悪かったので，上司が<u>私の代役を務めた</u>。

解答 1697 turned up　1687 took advantage of　1682 sooner or later　1696 turned, away　1684 standing by　1695 tried out　1681 sat up　1700 wear out　1690 tell, from　1694 to the point　1691 There is no knowing　1698 upside down　1686 summed up　1692 think over　1699 use up　1683 speak up　1689 take over　1685 stands out　1693 to some extent　1688 took my place

ワードリストの使い方

復習テストでわからなかった単語や熟語を書き込んで，
自分だけの単語帳を作ってみましょう！

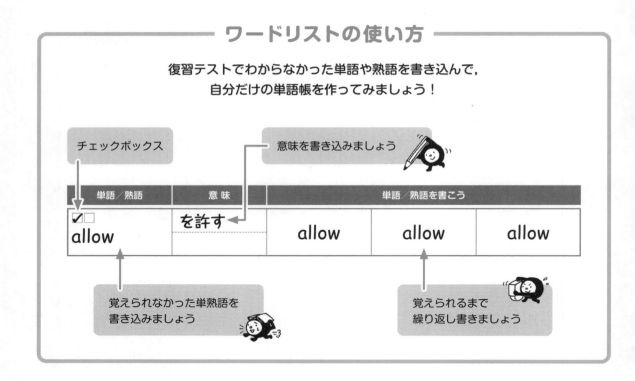

| チェックボックス | | 意味を書き込みましょう | |

単語／熟語	意 味	単語／熟語を書こう		
☑☐ allow	を許す	allow	allow	allow

覚えられなかった単熟語を
書き込みましょう

覚えられるまで
繰り返し書きましょう

単語／熟語	意 味	単語／熟語を書こう		
☐☐				
☐☐				
☐☐				
☐☐				
☐☐				
☐☐				
☐☐				
☐☐				

単語／熟語	意 味	単語／熟語を書こう		
☐☐				
☐☐				
☐☐				
☐☐				
☐☐				
☐☐				
☐☐				
☐☐				
☐☐				
☐☐				
☐☐		単語／熟語を書こう		
☐☐				
☐☐				
☐☐				
☐☐				

単語／熟語	意 味	単語／熟語を書こう		
☐☐				
☐☐				
☐☐				
☐☐				
☐☐				
☐☐				
☐☐				
☐☐				
☐☐				
☐☐				
☐☐				
☐☐				
☐☐				
☐☐				
☐☐				

194

単語／熟語	意 味	単語／熟語を書こう		
□□				
□□				
□□				
□□				
□□				
□□				
□□				
□□				
□□				
□□				
□□				
□□				
□□				
□□				
□□				

単語／熟語	意 味	単語／熟語を書こう		
□□				
□□				
□□				
□□				
□□				
□□				
□□				
□□				
□□				
□□				
□□				
□□				
□□				
□□				
□□				

単語／熟語	意 味	単語／熟語を書こう		
☐☐				
☐☐				
☐☐				
☐☐				
☐☐				
☐☐				
☐☐				
☐☐				
☐☐				
☐☐				
☐☐				
☐☐				
☐☐				
☐☐				
☐☐				

単語／熟語	意 味		単語／熟語を書こう	
☐☐				
☐☐				
☐☐				
☐☐				
☐☐				
☐☐				
☐☐				
☐☐				
☐☐				
☐☐				
☐☐			単語／熟語を書こう	
☐☐				
☐☐				
☐☐				
☐☐				

単語／熟語	意 味	単語／熟語を書こう		
☐☐				
☐☐				
☐☐				
☐☐				
☐☐				
☐☐				
☐☐				
☐☐				
☐☐				
☐☐				
☐☐				
☐☐				
☐☐				
☐☐				
☐☐				

旺文社の英検®書

★ 一発合格したいなら「全問＋パス単」！
旺文社が自信を持っておすすめする王道の組み合わせです。

 過去問集 過去問で出題傾向をしっかりつかむ！
★ **英検® 過去6回全問題集 1〜5級**
音声アプリ対応　音声ダウンロード　別売CDあり

 単熟語集 過去問を徹底分析した「でる順」！
★ **英検® でる順パス単 1〜5級**
音声アプリ対応　音声ダウンロード

 模試 本番形式の予想問題で総仕上げ！
7日間完成 英検® 予想問題ドリル 1〜5級
CD付　音声アプリ対応

 参考書 申し込みから面接まで英検のすべてがわかる！
英検® 総合対策教本 1〜5級
CD付

 問題集 大問ごとに一次試験を集中攻略！
DAILY英検® 集中ゼミ 1〜5級
CD付

 二次対策 動画で面接をリアルに体験！
英検® 二次試験・面接完全予想問題 1〜3級
DVD＋CD付　音声アプリ対応

このほかにも多数のラインナップを揃えております。

旺文社の英検® 合格ナビゲーター
https://eiken.obunsha.co.jp/
英検合格を目指す方のためのウェブサイト。
試験情報や級別学習法，おすすめの英検書を紹介しています。

※英検®は、公益財団法人 日本英語検定協会の登録商標です。

株式会社 旺文社
〒162-8680 東京都新宿区横寺町55
https://www.obunsha.co.jp/